ÉLISÉE RECLUS

NOUVELLE GÉOGRAPHIE UNIVERSELLE

LA TERRE ET LES HOMMES

TABLEAUX STATISTIQUES

DE TOUS LES

ÉTATS COMPARÉS

ANNÉES 1890 A 1893

PARIS
LIBRAIRIE HACHETTE ET CIE
79, BOULEVARD SAINT-GERMAIN, 79

TABLEAUX STATISTIQUES

DE TOUS LES

ÉTATS COMPARÉS

PARIS. — IMPRIMERIE LAHURE
9, RUE DE FLEURUS, 9

ÉLISÉE RECLUS

NOUVELLE GÉOGRAPHIE UNIVERSELLE

LA TERRE ET LES HOMMES

TABLEAUX STATISTIQUES

DE TOUS LES

ÉTATS COMPARÉS

ANNÉES 1890 A 1893

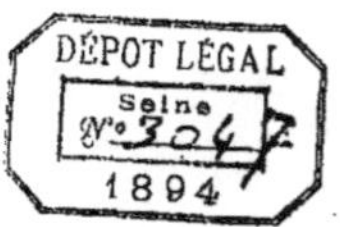

PARIS

LIBRAIRIE HACHETTE ET CIE

79, BOULEVARD SAINT-GERMAIN, 79

1894

OBSERVATIONS PRÉLIMINAIRES

1° Les superficies des contrées sont indiquées en kilomètres carrés.

2° Les superficies des cultures et des forêts sont indiquées en hectares.

3° Là où les années ne sont pas indiquées, les statistiques se rapportent à l'année 1893.

4° Les quantités des céréales, des vins et autres boissons sont exprimées en hectolitres.

5° Les quantités d'or et d'argent sont exprimées en kilogrammes.

6° Les quantités de tous les autres produits de l'agriculture et de l'industrie, sucre, café, cacao, tabac, coton, indigo, caoutchouc, houille, sel, cuivre, fer, etc., sont exprimées en tonnes. Les chiffres relatifs à la pêche indiquent la valeur.

7° Les valeurs sont exprimées en francs.

8° Les expéditions de commerce sont exprimées en valeurs. Quand il s'agit de quantités, le cas est toujours indiqué dans la colonne.

9° Les chiffres de la première colonne sont des chiffres repères pour aider la lecture.

N. B. — L'ordre adopté pour la succession des colonnes est le même que celui des chapitres dans la *Nouvelle Géographie Universelle.*

Les méthodes adoptées pour la statistique et le classement des objets différant suivant les pays, nous mettons le lecteur en garde contre les erreurs qu'il pourrait faire en considérant tous les nombres correspondants des colonnes comme parfaitement comparables. Ainsi la statistique officielle n'indique pas toujours si le mouvement de la navigation comprend les navires non chargés ; elle néglige aussi parfois de mentionner si le transit est compté dans l'ensemble du commerce extérieur. Les chiffres relatifs aux indigents, aux condamnations, aux élèves des écoles, sont aussi très incertains en beaucoup de pays. Il faut tenir compte également de ce fait que la valeur de l'enseignement diffère beaucoup dans les établissements supérieurs qualifiés d'universités, académies, hautes écoles.

EUROPE. — I

EUROPE. — I

OBJET DE LA STATISTIQUE.	Repère.	GRÈCE.	TURQUIE D'EUROPE.	TURQUIE D'ASIE ET D'AFRIQUE.	BULGARIE, ROUMÉLIE ORIENT.	ROUMANIE.	SERBIE.	MONTÉNÉGRO.	ITALIE.
Superficie en kilomètres carrés	1	65 119	165 528	2 911 563	96 660	131 020	48 110	9 080	286 589
Population	2	2 510 900	5 600 000	16 773 000	3 310 000	5 500 000	2 257 000	236 000	31 180 000
Population kilométrique	3	33,8	33,9	5,8	34,3	42	46,3	26	106,38
Natalité sur 1 000 habitants	4	34,4 (85-89)				39,7 (88-92)	45,6 (88-92)		37,8 (81-90)
Mortalité sur 1 000 habitants	5	20,2 (85-89)			Cath. grecs.. 2 600 000	26,5 (88-92)	26,7 (88-92)	Grecs orth... 225 000	27,3 (81-90)
Population des campagnes	6	60 %			Musulmans.. 610 000	(pop. agr.) 70 %	86,5 %	Mahométans... 5 000	19 400 000
Émigration	7				Juifs... 30 000		4 000 (92)	Catholiques... 5 000	250 108 (91)
Céréales. Froment	8	2 500 000 (moy.)	15 000 000 (91)		14 680 000 (92)	21 000 000 (92)	4 000 000 (78)		45 790 000 (88-92)
Céréales. Riz	9				498 000 fr. (91)				7 337 000 (84-93)
Céréales. Maïs	10	178 000 (moy.)		Valonée, export. : 55 000 t. ; 18 000 000 fr.		91 137 000 (91)	5 000 000 (92)		27 095 000 (84-93)
Céréales. Autres céréales	11	1 880 000 (moy.)					1 560 000 (92)		10 794 000 (84-93)
Production. Sucre	12		Terrains cultivés : 15 500 000 hectares		Terres cult. 2 144 000		Prunes. 25 000 t. (92)		Tabac 3 924 t. (84-91)
Production. Vin	13	2 500 000 (92)	1 270 000 (91)	2 500 000	2 500 000 (92)	3 000 000 (92)	1 200 000		32 480 000 (88-92)
Production. Cocons	14		90 000 000 fr.						52 895 t. (87-92)
Étendue des forêts	15	810 000	1 427 500	7 287 800 (Asie)	1 300 000	2 000 000	969 000		3 915 000
Animaux domest. Chevaux, mulets, ânes	16	265 000			Porcs. 328 000	598 000 (90)	163 000 (91)	3 000	1 050 000 (90)
Animaux domest. Bêtes à cornes	17	164 000				2 520 800 (90)	898 000 (91)	50 000	5 000 000 (90)
Animaux domest. Moutons et chèvres	18	5 076 000			8 075 000 (92)	5 219 400 (90)	3 471 000 (91)	390 000	8 700 000 (90)
Pêche	19		8 950 000 fr. (dans le Bosphore.)				Porcs. 908 000	Porcs. 8 000	16 590 000 fr. (91)
Ensemble de la production agricole	20	Production moy. Raisins de Corinthe : 97 200 000 kilogr.				Porcs. 982 000			4 950 000 000
Nombre des propriétaires	21					Prod. de laine : 7 515 t. (91)	454 000		4 155 000 (84)
Production minière. Or	22								130 (90)
Production minière. Argent	23								8 150 (90)
Production minière. Cuivre	24	Tabac... 5 350 t.	Exportation (91) :			Import. (91) :			Soufre 308 000 t. (91)
Production minière. Fer	25	Coton... 65 450 t.	Froment 29 600 000 fr.			Filat. 144 850 000 fr.	Import. (91) :		Plomb 15 790 000 fr. (91)
Combustible minéral	26		Raisins 24 661 000 fr.		20 000	Métaux 98 100 000 fr.	Coton... 8 389 000 fr.		280 320 (91)
Sel	27	17 500	Figues 10 744 000 fr.		25 000 (91)	Export. (91) :	Métaux. 4 649 000 fr.		408 000 (91)
Filatures	28		Maïs 15 047 000 fr.			Céréales 240 000 000 fr.	Cuirs... 4 051 000 fr.		
Métallurgie	29		Opium 17 387 000 fr.		Exportation (91) :		Prod. ani. 2 521 000 fr.		136 000 000 fr. (91)
Bière et eau-de-vie	30		Tabac 15 505 t.		Céréales. 82 450 000 fr.		Export. (91) :		Bière 251 600 (91)
Puissance des machines à vapeur	31		Soies grèges et cocons 33 347 000 fr.		Animaux et product. anim. 6 000 000 fr.		Prod. agr. 41 500 000 fr.		187 000 (90)
Production industrielle totale	32								
Richesse totale	33								
Group. des ouvr. Mineurs	34								65 280 (91)
Group. des ouvr. Grande industrie	35								Filatures 223 500 (92)
Group. des ouvr. Petite industrie	36								
Commerce. Importation	37	140 380 000 (91)	315 874 000 (90-91)		81 319 000 (91)	380 737 000 (92)	37 070 000 (92)	800 000	1 209 000 000 (92)
Commerce. Exportation	38	107 451 000 (91)	798 250 000 (90-91)		71 033 000 (91)	363 384 000 (92)	46 450 000 (92)	6 000 000	1 004 000 000 (92)
Mouvement des navires	39	19 064 (92)	164 395 (91)		2 709 (91)	51 854 (92)			240 226 (92)
Tonnage	40	5 129 538 (92)	31 906 434 (91)		1 096 000 (91)	11 416 000 t. (91)			45 340 000 (92)
Flotte commerciale	41	1 492 ; 341 400 t. (92)	1 072 ; 196 000 t.			305 ; 60 700 t.			6 694 ; 811 500 t. (91)
Ensemble des routes carrossables	42	3 216					5 645		79 436 (91)
Chemins de fer	43	912	1 430	1 091 (92)	658	2 578	541 (92)		13 987
Nombre des voyageurs	44					3 145 000 (92)			51 000 000 (92)
Tonnes transportées	45					2 851 000 (92)			17 300 000 (92)
Statistique postale. Lettres	46	9 591 000 (91)	10 489 000 (92)		8 070 000 (90)	10 458 000 (78)	16 955 000 (92)		188 400 000 (92)
Statistique postale. Journaux et imprimés	47	7 307 000				7 960 000 (92)	4 000 000 (91)		193 000 000
Statistique postale. Longueur des lignes télégr.	48	8 983 (92)	33 500		4 706 (91)	5 640 (92)	4 975 (92)	480	38 108 (92)
Statistique postale. Télégrammes	49	1 162 000 (92)			947 436 (91)	1 590 838 (92)	565 420 (92)		8 295 000 (92)
Nombre des indigents secourus	50						9 878 (88)		
Nombre des condamnations pénales	51						1 605 (88)		360 340 (91)
Population moyenne des prisons	52								69 289 (91)
Clergé et ordres religieux	53	19 700 (89)	11 500					Prêtres 252	78 000 (91)
Écoles primaires	54	2 150 (?)	1 790		5 844 (90)	3 986 (91)	805 (92)	70	56 400 (90)
Nombre des élèves	55				178 000 (90)	290 800 (91)	78 230 (92)	3 300	2 574 000 (90)
Lycées et collèges	56	335				30 (92)	31 (92)	2	1 150 (90)
Nombre des élèves	57					11 000 (92)	7 000 (92)		90 560 (90)
Universités et écoles supérieures	58	1			1	2	1 (92)		21
Nombre des étudiants	59	3 600				980 (91)	850 (92)		20 591 (92)
Moyenne générale des illettrés	60	80 % (90)			81 %	88 %	79 %		49 %
Livres publiés	61						259 (88)		9 748 (92)
Journaux	62	131					40 (88)		1 779 (92)
Effectif de l'armée de terre active	63	29 000 (92)	185 000 (92)		35 500	58 000	21 000		276 000 (92)
Flotte de guerre	64	34 (92)	107		14	19 nav. ; 11 590 chev.			Nav. 289 ; ch.-v. 287 000
Personnel des équipages	65	3 800 (92)	40 000		346	1 500			30 700 (92)
Nombre des fonctionnaires	66	140 000					58 000		108 900 (91)
Dette publique	67	810 030 000	4 481 579 000 (92)		109 000 000	1 032 828 600	385 000 000	1 750 000	12 900 000 000
Budget des recettes	68	115 708 000	456 850 000 (92)		89 569 000	175 715 000 (92)	60 973 000 (92)	1 800 000	1 608 000 000
Contributions directes	69	29 011 000	Déficit : 65 250 000 (92)		41 381 000	34 890 000 (92)	33 184 000 (92)		484 000 000
Budget provincial et communal	70	Nationaux grecs							759 000 000 (90)
Colonies. Superficie	71	à l'étranger :				Roumains à l'étranger :			250 000
Colonies. Population	72	149 000				4 000 000			1 350 000

EUROPE. — II

OBJET DE LA STATISTIQUE.	Repères.	MÉDITERRANÉE ANGLAISE. Gibraltar, Malte, Cypre.	ESPAGNE ET CANARIES.	PORTUGAL, AÇORES, MADEIRA.
Superficie en kilomètres carrés	1	9 580	504 552	92 346
Population	2	424 000 (90)	18 572 000	5 050 000
Population kilométrique	3	Gibraltar : | Malte :	36,4	53,3
Natalité sur 1 000 habitants	4	29,5 (78) | 38,4 (90)	35,0 (85-89)	37 (89)
Mortalité sur 1 000 habitants	5	18,7 | 25	29,1	20,61 (86)
Population des campagnes	6	Cypre :	(pop. agr.) 4 855 000	58 000 (78)
Émigration	7	Nat. ... 33,1	56 400 (90)	356 508 (86-90)
Céréales... Froment	8	Mort. ... 24	38 000 000 (91)	2 500 000 (90)
Céréales... Riz	9			
Céréales... Maïs	10			
Céréales... Autres céréales	11		Exp. oranges. 180 000 t.	
Production. Sucre	12	Cypre.		
Production. Vin	13	Pêche d'éponges :	24 000 000 (91)	4 500 000 (88)
Production. Cocons	14	295 000 fr. (91)		
Étendue des forêts	15		845 000	371 000
Animaux domest. Chevaux, mules, ânes	16	7 170 (Malte moy.)	771 500 (91)	
Animaux domest. Bêtes à cornes	17	9 200	3 169 000	
Animaux domest. Moutons et chèvres	18	21 950	24 000 000	
Pêche	19			Bateaux pêch. 4 000
Ensemble de la production agricole	20	Malte.		
Nombre des propriétaires	21	Imp. 316 252 000 (98)		
Production minière. Or	22	Exp. 293 586 000	Mercure : 1 800 t.	452 mines, ayant
Production minière. Argent	23	7 367 nav. (92)	50 000	produit, en 1888,
Production minière. Cuivre	24	6 526 440 t.	Minerai. 4 655 916 (91)	405 000 t. de minerai
Production minière. Fer	25			pour 5 400 000 fr.
Combustible minéral	26		1 180 000 (90)	
Sel	27		400 000	Export. 179 600 t. (88)
Filature	28	Cypre (96).		Exportation (91) :
Métallurgie	29	Imp. ... 4 670 000	167 500 000	Vin ... 67 496 000 fr.
Bière et eaux-de-vie	30	Exp. ... 7 454 195		Liège .. 15 762 000 fr.
Puissance des machines à vapeur	31	Mouv. des navires :		Poissons 8 014 000 fr.
Production industrielle totale	32	915 920 t. (98)		Cuivre .. 5 887 000 fr.
Richesse totale	33			Anim... 7 280 000 fr.
Group. des ouvr. Mineurs	34		69 270 (88)	5 450 (83)
Group. des ouvr. Grande industrie	35	Gibraltar. Entrées :	1 560 500 t. [illegible]	94 000 (81)
Group. des ouvr. Petite industrie	36	4 205 000 t. (93)	3 774 000 t. [illegible]	
Commerce. Importation	37		884 000 000	455 555 000 (90)
Commerce. Exportation	38		826 000 000	114 537 000
Mouvement des navires	39		37 450 (91)	26 400 (88)
Tonnage	40		29 689 000	13 098 500
Flotte commerciale	41		877 ; 584 400 t.	505 ; 01 760 (91)
Ensemble des routes carrossables	42	567 (Cypre)		10 000 (84)
Chemins de fer	43	15 (Malte)	10 851	2 105 (91)
Nombre des voyageurs	44			
Tonnes transportées	45	Malte : | Cypre :		
Statistique postale. Lettres	46	1 456 000	118 469 000 (90)	34 126 000 (91)
Statistique postale. Journaux et imprimés	47	580 000 | 787 570	74 670 000	26 465 000
Statistique postale. Longueur des lignes télégr.	48	104 | 400	28 080 (91)	9 412 (89)
Statistique postale. Télégrammes	49		4 706 900 (91)	4 554 287
Nombre des indigents secourus	50		91 950 (89)	
Nombre des condamnations pénales	51	6 909 (90) (Malte)		11 353 (86)
Population moyenne des prisons	52			
Clergé et ordres religieux	53	Cypre : | Malte :	43 250 (89)	
Écoles primaires	54	254 | 91	30 105 (90)	5 659 (90)
Nombre des élèves	55	28 880	1 790 000	246 270
Lycées, collèges, écoles secondaires	56	3 (Malte)	60	434 (91)
Nombre des élèves	57			17 787
Universités et écoles supérieures	58	1	10	9 (85)
Nombre des étudiants	59	Gibraltar (93).	16 000	2 400
Moyenne générale des illettrés	60	Écoles ... 11	68 % (89)	78 % de la pop. (78)
Livres publiés	61	Élèves ... 1 582		
Journaux	62	Cypre ... 10	400	
Effectif de l'armée de terre active	63	5 000	90 800 (98-92)	38 000 (88)
Flotte de guerre	64	Budget :	83 ; 20 870 t. (91)	102
Personnel des équipages	65		24 000 (91)	5 200
Nombre des fonctionnaires	66	Gibralt. 1 458 000	97 887	
Dette publique	67	Malte .. 7 850 000 (98)	6 905 000 000 (91)	3 380 709 000 (90)
Budget des recettes	68	Cypre .. 4 746 588	747 080 000 (93-93)	196 558 000 (88-89)
Contributions directes	69		895 000 000	56 450 000
Budget provincial et communal	70			
Colonies... Superficie	71		489 800	1 954 300
Colonies... Population	72		9 695 000	5 871 800

EUROPE. — II

Repères.	FRANCE.	SUISSE.	AUTRICHE-HONGRIE. AUTRICHE ET BOSNIE.	AUTRICHE-HONGRIE. HONGRIE.	SAN-MARINO, ANDORRE, LIECHTENSTEIN.
1	536 891	41 389	331 311	325 324	San-Marino.
2	38 400 000	2 986 000	25 900 000	18 140 000	Superf... 59
3	71,5	72,2	75,7	55,7	Popul.... 8 200 (92)
4	23,89 (81-90)	28,1 (81-90)	38,2 (81-90)	44,2 (81-88)	Popul. kil. 10
5	22,1	20,8	29,5	32,6	Recettes.. 257 000
6	47 % (91)	1 150 000		10 905 000 (90)	
7	Moy. 14 000 (86-91)	7 858 (92)	76 824 (91)		Andorre.
8	108 501 000 (80-89)	000 000 (91)	17 960 000	49 400 000	Superf. ... 452
9	5 000 (?)				Popul. ... 6 000
10	9 800 000 (86-93)		6 383 000 (93)	37 312 000 (93)	Popul. kil. ... 13
11	132 135 000 (80-93)	1 550 000 (91)	97 882 000	44 078 000	
12	619 185 (93)				Liechtenstein.
13	30 100 000	1 000 000 (92)	3 411 000 (70-82)	4 615 000 (71-86)	Superf. ... 160
14	7 580 600 (93)		1 506 282 (93)	910 248 (93)	Popul. ... 9 000 (90)
15	9 365 000	781 000	9 769 000	9 166 000	Popul. kil. .. 60
16	3 160 000 (92)	100 700 (86)	1 549 900 (90)	1 962 910 (84)	
17	13 846 000 (92)	1 213 000	8 640 040	5 691 340	
18	31 197 000	548 000	4 906 950	11 843 000	
19	107 580 000 (90)	Parcs. 226 000	6 215 500 (91)		
20	7 500 000 000 (77)				
21	5 080 000	300 000		691 000 (90)	
22		Export. 1898 :	Argent 2 500 000 fr. (92)		
23		From. 36 646 000 fr.	6 917 000 fr. (92)	3 130 000 fr. (91)	
24	5 500	Lait. . 15 075 000 fr.	3 066 000 fr.	290 000 fr.	
25	Fonte. 2 002 000		963 300	433 530 (92)	
26	25 738 000 (92)		23 431 000 (93)	4 334 000 (92)	
27	842 500 (92)	48 000	284 962	169 000	
28	1 980 000 000		270 000 000		
29	3 350 000 t. (91)		52 275 000 (91)		
30	14 200 000 (91)		Bière 13 341 000		
31	Ch.-v. 5 175 400 (91)	Ch.-v. 37 475			
32	12 800 000 000	Filatures .. 1 945 (91)			
33	230 000 000 000	Ouvriers.. 89 900	51 000 000 000		
34	134 000 (91)	Product. 328 000 000	125 000 (91)	54 322 (90)	
35			2 187 000 (90)	789 000 (90)	
36	10 000 000	271 000 (88)			
37	5 936 780 000	1 269 848 000 (93)	1 598 000 000 (93)		
38	5 309 019 000	1 121 000 000	1 809 000 000		
39	167 115 (93)		154 906 (93)		
40	40 805 300		15 000 000		
41	15 276 ; 905 000 t. (92)		10 535 ; 286 418 t.		
42	39 078			36 480 (90)	
43	35 048	3 330 (92)	19 943	12 015	
44	285 155 000 (89)		54 907 000 (91)		
45	87 044 000		28 518 000 (90)		
46	808 500 000 (91)	125 825 000 (93)	804 970 000 (92)	145 089 000 (91)	
47	095 800 000	111 067 000	147 600 000	67 661 400 (90)	
48	96 183	7 245	34 197 (92)	20 068 (92)	
49	48 399 000 (91)	3 620 000	11 960 000	5 671 590	
50	1 542 750 (92)		297 918 (90)		
51	813 000 (89)		54 600 (90)	16 495 (90)	
52	44 950 (89)	3 103	10 600	6 240	
53	150 000	16 000	35 420 (88)	19 187 (90)	
54	87 950 (91)	4 510 (94)	18 950 (91)	16 870 (91)	
55	6 300 000	409 800	3 187 000	2 117 590	
56	1 084 (92)	575 (90)	1 795	525 (91)	
57	174 887	45 860	395 000	54 000	
58	50	Univ. ; acad. 6	14	4	
59	25 350 (93)	4 010	15 380 (91)	5 990 (91)	
60	5,7 % (90)	3,2 % (92)	35 % (90)	54 % (90)	
61	15 060				
62	6 503	460	1 081 (90)	834 (91)	
63	559 000	136 000	347 000		
64	398 (91)		188 ; 120 000 t. (92)		
65	28 400		11 950 (92)		
66	400 000	45 879 (80)	77 350 (80)		
67	36 444 000 000	64 192 000	14 544 847 000 (91)		
68	4 257 000 000	72 750 000	1 130 000 000 (92)	738 000 000 (92)	
69	484 800 000		Slaves ... 19 000 000 (90)		
70	965 350 000	70 188 000 (92)	Allemands ... 10 588 000		
71	3 480 000		Hongrois ... 7 429 000		
72	45 000 000		Roumains ... 3 800 000		

EUROPE. — III

OBJET DE LA STATISTIQUE.	Repères.	ALLEMAGNE.	BELGIQUE.	LUXEMBOURG.	NÉERLANDE.	ILES BRITANNIQUES.	DANEMARK, Féröer, Islande.	NORVÈGE.	SUÈDE.
Superficie en kilomètres carrés	1	540 610	29 456	2 587	33 000	314 628	144 540	325 422	450 574
Population	2	50 035 000	6 254 800	211 088 (95)	4 783 000	38 678 000	2 300 000	2 002 000 (91)	4 892 000
Population kilométrique	3	94,3	212	82	144,5	123	16	6,3	10,7
Natalité sur 1000 habitants	4	36,8 (86-90)	29 (80-90)	Hommes ... 105 119	34,9 (81-90)	31,9 (81-90)	31,1 (81-90)	30,8 (81-90)	29,2 (81-90)
Mortalité sur 1000 habitants	5	25,1	21,3	Femmes ... 106 969	21	18,89	18,6	17	17
Population des campagnes	6	53,3 % (85)	21,77 % (90)	Catholiques ... 208 981	67,8 % (92)	28,3 % (91)	65 % (90)	1 827 000; 76 % (91)	
Émigration	7	116 340 (92)	22 580 (92)		Hol. et étr. 28 927 (92)	307 050	10 422 (92)	17 080 (92)	48 778 (91)
Céréales ... Froment	8	58 178 000	8 000 000 (92)		2 000 000 (92)	20 745 000 (81-90)	1 800 000 (91)	Import. des céréales : 34 040 000 fr. (89)	1 600 000 (91)
Céréales ... Riz	9								
Céréales ... Maïs	10								
Céréales ... Autres céréales	11	155 700 000 (80-89)	17 381 000 (88)		10 409 000 (89)	98 078 000 (81-90)	28 750 000 (91)		55 000 000 (91)
Production. Sucre	12	1 175 000	146 000		50 000 (91)		18 879 t. (92)		
Production. Vin	13	1 074 000							
Production. Cocons	14								
Étendue des forêts	15	13 900 000	489 000		227 000	1 251 000	190 000	7 696 000	17 560 000
Animaux domest. Chevaux, mules, ânes	16	3 818 000	272 000		276 000	2 070 000	375 500 (1888, sans Islande)	150 875	480 048
Animaux domest. Bêtes à cornes	17	17 207 000 (92)	1 345 000 (80)		1 400 100 (89)	11 184 000	1 460 000	1 004 900 (91)	2 490 000 (91)
Animaux domest. Moutons et chèvres	18	16 883 000	365 000		778 000	31 705 000	1 256 000	1 682 000	1 543 500
Pêche	19		5 214 510 (92)		19 842 400	196 000 000	Islande. Moutons. 1 000 000 Vaches . 20 000	36 000 000 (90)	
Ensemble de la production agricole	20		1 550 576 000 (80)					600 000	1 500 000
Nombre des propriétaires	21	5 276 350 (82)	1 172 000 (92)		89 923 (91)	1 174 000 (76)			Prod. de minerais (91) Fer... 245 956 t. Arg. et plomb. 18 544 t. Cuivre ... 21 446 t.
Production minière. Or	22	2 877 kil. (92)				56,3 (92)		385 000 fr. (90)	
Production minière. Argent	23	487 781 kil.				8 427		Prod. de minerais : [illegible] fr. (89)	
Production minière. Cuivre	24	75 736 t.				496			
Production minière. Fer	25	4 953 000	810 000 (92)			Minerai. 11 313 000 (92)			757 000 (91)
Combustible minéral	26	72 246 000 (92)	19 583 000		55 840 (92)	181 787 000 (92)			247 000 (91)
Sel	27	659 500				2 258 000			
Filature	28	1 600 000 000	200 000 000			4 280 000 000 fr.		Valeur d'export. (91) : Anim., viand. 59 089 000 Bois, meubl. 58 535 000	Valeur d'export. (91) : Bois ... 150 586 000 Animaux et vivres subst. 81 178 000 Métaux ... 51 128 000 Papier ... 34 899 000
Métallurgie	29	916 500 000 (91)	315 475 000 (92)			Fonte 6 709 000 t. (92)			
Bière et eaux-de-vie	30	55 694 000 (92)	Bière 10 000 000	Bière 95 550		Bière ... 38 855 000	Eau-de-vie. 318 210		
Puissance des machines à vapeur	31		983 000 (92)		50 460 (87)				
Production industrielle totale	32		2 173 458 000 (80)				Exp. beurre, œufs, lait (92) : 79 550 000 fr.		
Richesse totale	33	161 000 000 000	25 000 000 000		21 000 000 000	270 000 000 000		2 600 (90)	38 350 (91)
Group. des ouvr. Mineurs	34	595 000	180 000			668 120 (92)			
Group. des ouvr. Grande industrie	35		379 240 (90)			2 210 000			
Group. des ouvr. Petite industrie	36		1 457 388 (90)						
Commerce. Importation	37	6 064 560 000 (91)	2 811 400 000 (92)	Union douanière avec l'Allemagne.	2 830 600 000 (91) sans transit	10 185 700 000	436 750 000 (92)	251 928 000 (92)	567 380 000 (91)
Commerce. Exportation	38	4 582 740 000	1 614 300 000		2 673 154 000	6 530 600 000	321 650 000	160 096 000	425 909 000
Mouvement des navires	39	137 307 ent. dans. (91)	14 548 (92)		18 987	720 009 (91)	192 410 (92)	14 850 (90)	35 388 (charg.) (91)
Tonnage	40	32 881 500 t. (91)	11 581 252		11 409 000 t.	168 061 000	3 725 500 (91)	5 264 000	6 930 400
Flotte commerciale	41	3 759; 1 871 580 t.	63; 70 396 t. (92)		691; 399 999 t.	21 652; 8 644 750 t. (92)	3 648; 318 357 t.	7 478; 1 705 700 t. (91)	4 470; 505 710 t. (91)
Ensemble des routes carrossables	42		9 101 (92)		28 114				
Chemins de fer	43	43 280	5 226	434 (90)	2 680	32 720	2 074 (92)	1 598	8 401 (92)
Nombre des voyageurs	44	464 053 000 (91)	88 220 000 (92)		29 192 000 (91)	864 436 000 (92)		4 818 400 (92)	13 350 000 (91)
Tonnes transportées	45	259 877 000	45 045 000 (92)		8 297 000	303 500 000 (90)		1 577 450	11 252 680 (91)
Statistique postale. Lettres	46	1 929 787 000 (92)	169 417 000 (92)	4 558 000 (91)	104 332 000 (92)	2 034 700 000	49 515 000 (91)	35 079 000 (92)	62 340 000 (91)
Statistique postale. Journaux et imprimés	47	1 352 728 000	186 962 000		109 130 000	750 000 000	58 478 000	30 068 000	75 000 000
Statistique postale. Longueur des lignes télégr.	48	117 338	7 450 (92)	1 069 (91)	5 320 (91)	54 830	5 911 (91)	9 423 (92)	12 750 (90)
Statistique postale. Télégrammes	49	31 178 000	7 986 000 (92)	191 925	4 281 400	69 907 000	1 066 000	1 700 597	2 098 000
Nombre des indigents secourus	50	1 578 000 (85)	8 000 (92)		345 745 (90)	966 000	70 000 (90)	75 560 (90)	218 101 (91)
Nombre des condamnations pénales	51	459 781 (92)	95 121 (91)		76 500 (92)	Crimes 19 150 (91)	2 215 (86)	98 006 (90)	1 804 (crimes gr.) (91)
Population moyenne des prisons	52		4 605 (92)		5 888		1 888 (90)	2 000 (90)	2 040 (91)
Clergé et ordres religieux	53		Relig. 30 098 (90)		4 878 (91)	60 000 (92)	1 500 (88)		
Écoles primaires	54	55 500 (92)	5 797 (92)		4 398 (92)	31 000 (91)	2 940 (88)	7 675 (89)	10 798 (90)
Nombre des élèves	55	8 130 000	640 848		689 000	4 801 000	231 040	261 955	679 300
Lycées, collèges, écoles secondaires	56	1 338 (91)	105 (92)		151		40	152 (90)	123 (92)
Nombre des élèves	57		17 760		16 102			14 648	17 000
Universités et écoles supérieures	58	30	4		6	18	1	1	2
Nombre des étudiants	59	30 870 (universités)	4 985		3 075	22 880	1 300	1 360 (92)	2 250 (92)
Moyenne générale des illettrés	60	0,54 %	22 % (90)		6,5 % (90)	6,73 % (91)		0,4 %	0,1 % (90)
Livres publiés	61	16 000				6 399			
Journaux	62	5 530 (92)	1 018 (92)		800	2 300			
Effectif de l'armée de terre active	63	550 000	45 800 (92)	250	22 000	154 000	45 000	15 000 (92)	40 000 (92)
Flotte de guerre	64	106; 299 000 t. (92)			138	711; 980 000 t.	80; ch.-v. 50 819 (92)	46; ch.-v. 13 400	60; ch.-v. 33 460 (92)
Personnel des équipages	65				8 850	76 700	1 420 (92)	896	300
Nombre des fonctionnaires	66								
Dette publique	67	2 136 000 000 (91)	2 140 800 000 (92)	15 170 000	2 385 600 000	16 776 100 000	289 369 000	181 400 000 (92)	285 600 000
Budget des recettes	68	1 226 875 000	349 600 000	9 847 000	268 000 000	2 234 900 000	75 000 000	71 800 000	138 800 000
Contributions directes	69	950 000 000	81 600 000	2 369 000 (91)	30 500 000	405 000 000	Fonds de réserve : [illegible] (91)	4 800 000	28 800 000
Budget provincial et communal	70		105 448 000 (92)		150 000 000	1 765 000 000 (92)		43 000 000 (89)	90 300 000 (90)
Colonies ... Superficie	71	2 501 000			1 984 500	29 048 000	194 386	Finnois et Lapons : 21 439	Finnois et Lapons : 25 000
Colonies ... Population	72	6 840 000			30 789 000	345 000 000	43 300		

EUROPE. — IV

OBJET DE LA STATISTIQUE.	RUSSIE D'EUROPE ET FINLANDE.	RUSSIE D'ASIE.	EUROPE ET RUSSIE D'ASIE.
Superficie en kilomètres carrés	5 383 000	16 247 840	25 977 700
Population	123 000 000		393 762 700
Population kilométrique	5,6		15,2
Natalité sur 1 000 habitants	49,4 } (85-85)	45,1 } (89) (Sibérie)	
Mortalité sur 1 000 habitants	35,7 }	33,1 }	
Population des campagnes	85 % (86)	86 % (86)	
Émigration	Juifs. 3 800 000		1 250 000
Céréales. Froment	127 402 000		460 000 000
Céréales. Maïs et autres céréales	352 600 000 (84-89)		1 200 000 000
Production. Sucre	426 700 (92)	Coton... 40 000 t. (90)	2 700 000
Production. Vins	2 458 000		135 000 000
Production. Cocons	Lin 292 000 t. (moy.)		
Étendue des forêts	200 000 000	Rennes. 280 000	281 300 000 (sans Sibérie)
Animaux domest. Chevaux, mules, ânes	12 837 000 } (88)	1 700 000	55 000 000
Animaux domest. Bêtes à cornes	27 623 000 }	1 400 000	110 000 000
Animaux domest. Moutons et chèvres	48 220 000 }	240 000	200 000 000
Pêche			500 000 000 fr.
Ensemble de la production agricole	Naphte...... 4 490 000 t. (92)		
Nombre des propriétaires	Mercure...... 323,8 t.		
Production minière. Or	42 998 } (92)		48 600
Production minière. Argent	13 710 }		590 000
Production minière. Cuivre	4 199 }		34 120
Production minière. Fer	1 662 000 (90)		15 000 000
Combustible minéral	6 800 000 (92)		360 000 000
Sel	1 405 000 (92)		6 400 000
Filatures	1 207 000 000 (90)		9 300 000 000
Métallurgie	372 055 000 (90)		
Bière et eaux-de-vie	15 615 000 (90)		
Puissance des machines à vapeur			
Production industrielle totale	3 160 000 000 (90)		
Richesse totale			
Group. des ouvr. Mineurs	420 000 (88)		2 000 000
Group. des ouvr. Grande industrie	852 700 (90)		
Group. des ouvr. Petite industrie	107 000 (90)		
Commerce. Importation	1 009 700 000 } (92)		34 235 000 000
Commerce. Exportation	1 223 524 000 }		27 720 000 000
Mouvement des navires	21 446 } (Mers Blanche, Baltique, Noire et d'Azov)		950 000
Tonnage	13 151 000 }		431 400 000
Flotte commerciale	2 105; 545 620 t. (91)		76 900; 16 912 000 t
Rivières navigables	75 000		
Chemins de fer	33 058		235 700
Nombre des voyageurs	47 943 000 } (91)		2 100 000 000
Tonnes transportées	69 848 000 }		
Statistique postale. Lettres	231 360 000 }		} 10 625 000 000
Statistique postale. Journaux et imprimés	152 690 000 }		}
Statistique postale. Longueur des lignes télégr.	142 000 (91)		635 900
Statistique postale. Télégrammes	11 072 000 (89)		215 000 000
Nombre des indigents secourus			
Nombre des condamnations pénales	1 165 000 (87)		
Population moyenne des prisons	113 729 (92)		
Clergé et ordres religieux	172 800 (89)		
Écoles primaires	46 880 } (88)		403 000
Nombre des élèves	2 540 000 }		38 000 000
Lycées et collèges	1 101 } (90)		
Nombre des élèves	225 800 }		
Universités et écoles supérieures	33 }		
Nombre des étudiants	21 400 }		180 000
Moyenne générale des illettrés	78 % (88)		
Livres publiés	9 588 } (92) (sans Finlande).		
Journaux	743 }		28 000
Effectif de l'armée de terre active	850 000 (92)		3 748 000
Flotte de guerre	174; ch. v. 288 000		2 400
Personnel des équipages	28 000 (92)		280 000
Nombre des fonctionnaires			
Dette publique	14 778 000 000		117 388 000 000
Budget ordinaire	2 601 000 000		16 088 000 000
Contributions directes	237 000 000		
Budget provincial et communal	103 000 000 (87)		
Colonies. Superficie	Ensemble du territoire russe : 21 830 840		43 380 000
Colonies. Population			438 000 000

ASIE — I

OBJET DE LA STATISTIQUE.		CHINE.	CORÉE.	JAPON.
Superficie en kilomètres carrés		9 204 450	218 650	382 416
Population prob. ou rec. en 1893		400 000 000	10 530 000	41 256 000
Population kilométrique		43,4	48,1	107,6
Natalité sur 1000 habitants		Nombre des étrangers :	Européens.... 185 (92)	26,7
Mortalité sur 1 000 habitants		9 945	Japonais.... 9 890	21
Population des campagnes			Chinois..... 2 560	17 916 000 (91)
Céréales....	Froment	Emigr.. 52 145 } (92)		5 489 000 } (92)
	Riz	Immigr. 97 971 }	Nombre des missionn.	73 886 000 }
	Maïs			
	Autres céréales	Pop. musulm. 30 000 000	Protest.... 40 } (92)	22 974 000 (92)
Production.	Soies grèges	Pop. juive... 0 000 000	Cathol..... 20 }	5 702 t. (91)
	Sucre	Pop. cathol.. 1 000 000	Pop. protest.... 300	49 217 (91)
	Thé	Pop. prot.... 50 000	Pop. cathol. ... 20 000	26 231 (91)
	Café			
Étendue des forêts		Tibet :		18 000 000
Animaux domest.	Chevaux, mules, ânes	Superf.... 1 687 400		ch. 1 548 000 } (91)
	Bêtes à cornes	Popul..... 6 000 000		1 087 000 }
	Moutons et chèvres	Pop. kil... 3,5		
Pêche		Commerce. 4 800 000		42 500 000 (90)
Ensemble de la production agricole				
Nombre des propriétaires		Importation (92) :		
Production minière.	Or	Opium.... 149 977 000		773 } (90)
	Argent	Coton..... 294 638 000	Export. de l'or :	43 268 }
	Cuivre	Laine..... 28 214 000	17 227 000 fr. (91)	16 500 }
	Fer	Métaux.... 59 000 000		20 861 }
Production de la houille				2 405 260 (90)
Production du sel				8 800 000 hect. (90)
Production des filatures				165 000 000 (91)
Production de bière et eau-de-vie				Bière. 5 725 000
Production totale				
Commerce..	Importation	739 000 000 } (92)	106 411 700 } (91)	299 363 000 } (92)
	Exportation	561 000 000 }	85 408 600 }	379 700 000 }
Valeur d'exportat.	Froment			440 000 (91)
	Riz		45 508 000 (91)	17 484 000 } (92)
	Thé	149 130 000 (92)		31 606 000 }
	Café			
	Opium			
	Soie	209 458 000 (92)		175 800 000 (92)
	Jute			
	Oléagineux			
Mouvement des navires		37 927 } (92)	Entrées 1 386 } (92)	4 495 } (92)
Tonnage		29 440 575 }	390 500 }	3 609 000 }
Flotte commerciale				2 331 ; 190 000 t. (91)
Routes carrossables				44 500 (91)
Longueur des chemins de fer		200		2 974
Nombre des voyageurs				25 790 000 } (91-92)
Nombre de tonnes transportées		Commerce total avec		2 113 400 }
Statistique postale.	Lettres	les divers pays (92) :		186 522 000 } (91)
	Journaux et imprimés	Angleterre et		51 879 000 }
	Longueur des lignes télégr.	colonies.. 903 270 000		12 878 }
	Télégrammes	États-Unis.. 92 155 000		4 523 000 }
Nombre des indigents secourus		Japon...... 80 716 000		17 500 } (91)
Nombre de condamnations pénales		Russie..... 41 540 000		3 260 }
Population moyenne des prisons		Eurore occi-		61 800 }
Membres du clergé		dentale... 121 954 000		167 300
Écoles primaires				25 500 } (91)
Nombre des élèves				3 150 000 }
Lycées et collèges				1 012 }
Nombre des élèves				131 200 }
Universités ; nombre des étudiants				1 ; 1 385 (92)
Moyenne générale des illettrés				
Livres publiés				22 538 (91)
Journaux		24		716 (92)
Effectif de l'armée de terre active		323 800	5 500	71 600
Flotte de guerre		Nav. 78; ch. v. 85 570 (92)		Nav. 49; canons 415 (92)
Personnel des équipages		7 000		4 190 (91)
Nombre des fonctionnaires				
Dette publique		125 000 000		1 150 000 000 (92)
Budget ordinaire		460 000 000 (?)	9 500 000	363 329 000
Contributions directes				
Budget provincial et communal				171 490 000 (92)

ASIE. — II

OBJET DE LA STATISTIQUE.	Repères.	HONG-KONG.	INDO-CHINE FRANÇAISE.	MALAISIE ANGLAISE.
Superficie en kilomètres carrés	1	79	Annam et Tonkin :	Singapour, Malacca,
Population prob. ou rec. en 1895	2	221 600 (91)	Superf..... 450 000	Penang :
Population kilométrique	3	2 804	Popul...... 16 000 000	Superf... 2 812
Natalité sur 1000 habitants	4	8 } (91)	Pop. kil.... 37	Popul.... 512 350 (91)
Mortalité sur 1000 habitants	5	21,13	Cultiv..... 820 000	Pop. kil... 184
Population des campagnes	6		Exportation moy.	Hommes. 381 700 } (91)
Céréales... Froment	7	Hommes..... 157 585	Cannelle, 2 000 000 fr.	Femmes. 141 700
Riz	8	Femmes..... 63 856	Coton.... 700 t.	Malais... 213 000 } (91)
Maïs	9	Blancs..... 8 545	Sucre.... 650 000 fr.	Chinois.. 229 000
Autres céréales	10	Hindous..... 1 900		Hindous. 54 000
Production. Soies grèges	11	Chinois..... 211 000	Hanoï & Haïphong (92)	Natalité.. 22 } (91)
Sucre	12		(Navires 785; 118 000 t.)	Mortalité.. 54
Thé	13		Effectif de l'armée :	Nombre des immigrants
Café	14			chinois :
Étendue des forêts	15		Européens..... 22 878	159 174 (93)
Animaux domest. Chevaux, mules, ânes	16		Indigènes..... 16 850	Imp. 707 140 000 } (93)
Bêtes à cornes	17		Budget :	Exp. 575 120 000
Moutons et chèvres	18		24 450 000 fr.	Navires. 15 565
Pêche	19		Revenu local :	Tonnag. 10 900 455 } (93)
Ensemble de la production agricole	20		87 480 000 fr. (91)	Prahs.. 29 035
Nombre des propriétaires	21			Tonnag. 895 126
Production minière. Or	22			Numb. des prisonn. :
Argent	23			4 510 (93)
Cuivre	24			Écol. prim. 201 } (92)
Fer	25			Élèves.... 11 224
Production de la houille	26			Reven. 18 175 000 } (92)
Production du sel	27			Dettes. 19 542 000
Production des filatures	28			
Production de bière et eau-de-vie	29			
Production totale	30			
Commerce.. Importation	31	100 000 000 } (moy.)	67 028 000 } (94)	
Exportation	32	50 000 000	58 646 000	Perak, Pahang,
Valeur d'exportat. Froment	33		(avec Fr. 25 %)	Johore :
Riz	34		Cambodge :	
Thé	35			Superf....... 89 725
Café	36		Superf..... 100 000	Popul....... 378 600
Opium	37		Popul...... 1 500 000	Pop. kil....... 4,6
Bois	38		Pop. kil.... 15	Imp. 93 808 000 } (93)
Jute	39		Effectif de l'armée :	Exp. 115 512 000
Oléagineux	40		Français 300	
Mouvement des navires	41	Entrés.. 4 100 } (92)	Revenu local :	Export. du Johore (90) :
Tonnage	42	5 107 000	3 776 000 fr.	Gambier.... 21 577 t.
Flotte commerciale	43	Jonq. 22 000; 1 800 000		Poivre...... 9 258 t.
Routes carrossables	44		Cochinchine :	
Longueur des chemins de fer	45	Jonques entrées (93) :	Superf.. 60 500	Chem. de fer. 164 (93)
Nombre des voyageurs	46	29 736	Popul... 2 050 000 (91)	Reven. 93 800 000 } (92)
Nombre de tonnes transportées	47	Tonnage.... 1 609 980	Pop. kil. 35	Dettes. 115 812 000
Statistique postale. Lettres	48		Français 3 600	
Journaux et imprimés	49		Terres cultivées :	
Longueur des lignes télégr.	50		998 930 hect.	
Télégrammes	51		Animaux domestiques :	
Nombre des indigents secourus	52		150 000 bœufs et buffles.	
Nombre des exécutions	53	19 197 } (92)		
Population moyenne des prisons	54	486		
Membres du clergé	55		Riz ... 802 000 t. (92)	
Écoles primaires	56	120 } (92)	Entrées à Saïgon (92) :	
Nombre des élèves	57	10 500	402 navires; 180 480 t.	
Lycées et collèges	58	1		
Nombre des élèves	59	90	Chem. de f. 82	
Universités ; nombre des étudiants	60		Lignes tél.. 2 900	
Moyenne générale des illettrés	61		Télégr.... 107 700 (92)	
Livres publiés	62		Écoles prim. 628	
Journaux	63		Élèves.... 25 400	
Effectif de l'armée de terre active	64	2 900	Effectif de l'armée :	
Flotte de guerre	65		Européens.... 1 550	
Personnel des équipages	66		Indigènes..... 2 800	
Nombre des fonctionnaires	67			
Dette publique	68	8 000 000		
Budget des recettes	69	7 280 000		
Contributions directes	70			
Budget provincial et communal	71			

ASIE. — II

Repères.	SIAM.	INDE. — INDE ANGLAISE avec Kachmir, Ceylan.	INDE. — POSSESSIONS portugaises, françaises.	ÉTATS HIMALAYENS. Bhoutan, Sikkim, Nepal.	BÉLOUTCHISTAN et autres possessions anglaises.
1	318 000	4 198 500	Possess. portugaises :	Bhoutan :	Béloutchistan :
2	5 000 000	290 093 000 (91)	Superf... 3 667	Superf...... 34 000	Superf.... 356 700
3	11,2	70	Popul.... 572 400 (87)	Popul...... 200 000	Popul..... 350 000
4		(Ceylan) 36,14 } (90)	Pop. kil.. 156	Pop. kil...... 6	Pop. kil... 1,5
5		28	Import.. 548 000 } (90)	Commerce avec l'Inde :	Comm. avec l'Inde :
6		70 % (?)	Export.. 137 000	Import...... 280 000	Import...... 797 500
7		Terres cultiv. en hect.	Mouv. des navires :	Export...... 446 000	Export...... 1 611 000
8	1 000 000 t.	Froment. 8 075 000	1 405; 344 510 t. (91)	Princip. marchandises	Effectif de l'armée :
9		Riz..... 11 211 000	Revenu local :	d'exportation :	1 200
10		Autr. cér. 50 283 000	5 104 000 (93)	Laines, musc, poneys,	Revenu du khan :
11		Gr. oléag. 6 615 000	Dépenses :	caoutchouc.	1 000 000 (?)
12		Thé..... 216 000	4 985 000 (93)		
13		Coton.... 4 800 000			
14		Indigo... 275 000			
15				Sikkim :	Îles d'Andaman :
16	Import. (93) :		Macao (Chine) :	Superf.. 4 014	Superf....... 4 500
17	Cotonn. 7 305 000 fr.	(Ceylan) 1 363 000 (91)	Superf..... 13	Popul.. 30 500 (91)	Pop. indig. de 2 à 10 000
18	Opium.. 885 000 fr.	" 222 000 (91)	Popul...... 67 000 (93)	Pop. kil. 7	Nombre des déportés :
19	Export. (93) :	Ceylan : export. (93) :		Comm. avec l'Inde :	11 886 (93)
20	Riz.... 25 900 000 fr.	Quinquina. 15 888 008		Import...... 288 500	
21	Poivre.. 1 337 600 fr.	Prod. coco. 187 518 000	Possess. françaises :	Export...... 409 000	
22	Bois... 790 000 fr.	Plombagine 71 060 000	Superf.... 508	Revenu. 38 600 (91)	Îles de Nicobar :
23		Ceylan, perles (1894) :	Popul.... 285 000 (91)		Superf....... 1 632
24		15 640 000 fr.	Pop. kil.. 585		Popul. indig.... 7 000
25			Import. 9 842 000 } (90)	Népal :	Pop. kil....... 4,3
26		2 660 700 (93)	Export. 45 907 000		Prod. des cocotiers :
27			Navires entrés	Superf..... 154 000	18 000 000 noix.
28		(houille) 3 554 000 (93)	à Pondichéry (88) :	Popul...... 3 000 000	
29		(bière) 216 000 (91)	346	Pop. kil... 19	Aden et Périm :
30			Revenu local :		Superf... 207
31	38 809 100 } (93)	2 610 385 000		Comm. avec l'Inde :	Popul.... 44 079 (91)
32	34 664 000	2 901 134 000	2 170 000 (93)	Import.... 19 300 000	Pop. kil.. 209
33		122 798 000	Dépenses de France :	Export.... 22 191 000	Import. 68 896 000 } (93)
34	220 218 t.	261 711 000	513 800	Effectif de l'armée :	Export. 59 240 000
35		240 881 000	Dette 300 000	30 000	Tonn.. 2 500 000 (93)
36		82 425 000			
37		182 108 000			
38		15 445 000			Socotora :
39		184 867 000			
40		201 720 000			Superf....... 3 580
41	Bangkok, 540 } (91)	18 723			Popul....... 10 000
42	410 890 t.	13 465 000			Pop. kil...... 2,8
43		904; 17 808 t.			
44		247 000 (93)			
45	25	29 400 (93)			
46		127 456 000 } (93)			
47		25 354 000			
48	409 160 (90)	306 400 000			
49		25 910 000			
50	2 804	65 058			
51		3 600 000			
52					
53		175 900 (91)			
54		96 100 (91)			
55					
56		138 990			
57		3 497 000			
58		5 748			
59		300 400			
60		5; 6 380 (93)			
61		89,5 % (91)			
62		7 656 } (91)			
63		575			
64	12 000	(Européens) 78 000 (Indigènes) 148 000			
65	2 vap.; 4 000 t.				
66					
67					
68		5 784 000 000 (93)			
69	30 000 000	1 816 000 000			
70		598 000 000 (?)			
71		94 000 000			

ASIE. — III

OBJET DE LA STATISTIQUE.	AFGHANISTAN.	PERSE.	ARABIE INDÉPENDANTE.
Superficie en kilomètres carrés	667 000	1 645 900	El Hamad, Chammar,
Population prob. ou rec. en 1893	4 200 000	7 500 000 (90)	Nedjed :
Population kilométrique	6,3	4,5	Superf. 1 170 000
Natalité sur 1000 habitants	Afghans 2 100 000		Popul. 1 075 000
Mortalité sur 1000 habitants	Iraniens 800 000		Pop. kil. 0,9
Population des campagnes	Mongols 600 000	75 %	
Céréales — Froment	Dardes, etc. 500 000		
Céréales — Riz	Kafar 150 000		Oman :
Céréales — Maïs	Turcs 100 000		Superf. 194 200
Céréales — Autres céréales	Autres, étrangers, etc. 150 000		Popul. 1 100 000
Production — Soies grèges		270	Pop. kil. 5,6
Production — Sucre		Superficie cultivée :	
Production — Thé		3 000 000 hect.	Hadramaout :
Production — Café	Commerce avec l'Inde :		
Étendue des forêts	Import. 14 985 000	Persans 3 500 000	Superf. 1 050 000
Animaux domest. — Chevaux, mules, ânes	Export 7 512 000	Turcs 1 600 000	Popul. 500 000
Animaux domest. — Bêtes à cornes	Commerce	Kurdes, etc. 2 500 000	Pop. kil. 0,5
Animaux domest. — Moutons et chèvres	avec la Russie :		
Pêche	Import. 9 861 000	Citadins 1 950 000	
Ensemble de la production agricole	Export. 9 963 000	Villageois 3 750 000	
Nombre des propriétaires		Nomades 1 800 000	
Production minière — Or		Religions :	
Production minière — Argent		Chiites 6 700 000	
Production minière — Cuivre		Sunnites 700 000	
Production minière — Fer		Arméniens 50 000	
Production de la houille		Nestoriens 22 000	
Production du sel		Juifs 20 000	
Production des filatures		Guèbres 8 000	
Production de bière et eau-de-vie			
Production totale			
Commerce — Importation		167 760 000	
Commerce — Exportation			
Valeur d'exportat. — Froment		Exportation :	
Valeur d'exportat. — Riz		Opium. 670 t. (91)	
Valeur d'exportat. — Thé		Tabac. 5 500 t. } moy.	
Valeur d'exportat. — Café		Coton. 4 455 t. } moy.	
Valeur d'exportat. — Opium		Laine. 3 500 t. } moy.	
Valeur d'exportat. — Soie		Tapis. 3 500 000 fr. (88)	
Valeur d'exportat. — Jute			
Valeur d'exportat. — Oléagineux			
Mouvement des navires		Entrées : 1857 (91)	
Tonnage		454 500	
Flotte commerciale			
Routes carrossables		290	
Longueur des chemins de fer		10	
Nombre des voyageurs			
Nombre des tonnes transportées			
Statistique postale — Lettres		1 371 000 (85)	
Statistique postale — Journaux et imprimés		302 600	
Statistique postale — Longueur des lignes télégr.		10 780	
Statistique postale — Télégrammes			
Nombre des indigents secourus			
Nombre des exécutions			
Population moyenne des prisons			
Membres du clergé			
Écoles primaires			
Nombre des élèves			
Lycées et collèges			
Nombre des élèves			
Universités ; nombre des étudiants		École polytechnique.	
Moyenne générale des illettrés			
Livres publiés			
Journaux		6	
Effectif de l'armée de terre active	50 000	24 500	
Flotte de guerre		2	
Personnel des équipages			
Nombre des fonctionnaires			
Dette publique		12 500 000 (92)	
Budget des recettes		34 500 000	

AFRIQUE. — I

OBJET DE LA STATISTIQUE.	NIL BLANC ET NUBIE	ÉTHIOPIE ET PAYS DES GALLA.	ÉRYTHRÉE ET TERRITOIRE ITALIEN DES SOMAL.
Superficie en kilomètres carrés	1 350 000	1 120 000	296 000
Population	8 100 000	10 000 000	750 000
Population kilométrique	6	8,9	2,5
Natalité sur 1000 habitants			
Mortalité sur 1000 habitants			
Population des campagnes			
Céréales — Froment			
Céréales — Riz			
Céréales — Maïs			
Céréales — Autres céréales		Tribus Galla :	
Production — Vin	Kordo-Fân :		
Production — Tabac	Sup. approx... 250 000	Metcha	
Production — Coton	Villes, villages. 850	Djegguda	
Étendue des forêts	dont popul.... 160 000	Wollo	
Animaux domest. — Chameaux	Nomades 110 000	Borena	
Animaux domest. — Chevaux, mules, ânes	Popul. kil.... 1,2	Assabo	
Animaux domest. — Bêtes à cornes		Raya	Pêche de perles :
Animaux domest. — Moutons et chèvres	Export. en Égypte	Edjou	800 000 (moy.)
Pêche	avant la guerre :	Daouri	
Production minière — Or	Plumes d'autruche :	Djilli	
Production minière — Argent	2 150 000 fr.	Soddo	
Production minière — Cuivre	Gomme.. 1 375 000 fr.	Hada	
Production minière — Fer	Peaux... 62 500 fr.	Finfini	
Combustible minéral		Metta	
Production du sel		Nonno	
Commerce — Importation		Liben	Comm. de Massaouah :
Commerce — Exportation		Goudrou	Imp. 10 905 000 (92)
Valeur d'exportat. — Froment		Limmou	
Valeur d'exportat. — Maïs		Horri	
Valeur d'exportat. — Sucre		Djimma	
Valeur d'exportat. — Vin		Ittou	
Valeur d'exportat. — Animaux	Dâr-Fôr :	Aroussi	
Valeur d'exportat. — Peaux et cuirs	Sup. approx. 500 000	Sidama	
Valeur d'exportat. — Laine	Pop. approx. 2 000 000	Kaffa	
Valeur d'exportat. — Coton	Popul. kil.. 4		
Navigation — Navires entrés et sortis			840 (92)
Navigation — Tonnage			197 358 (92)
Flotte commerciale			
Longueur des chemins de fer			27
Nombre des voyageurs			
Nombre de tonnes transportées			
Statistique postale — Lettres			120 440 (92)
Statistique postale — Journaux et imprimés			12 827 (92)
Statistique postale — Longueur des lignes télégr.			829 (92)
Statistique postale — Télégrammes			5 761 (92)
Nombre des indigents secourus			
Nombre des condamnations			
Membres du clergé		Ordre rel., 12 000	
Écoles primaires			
Nombre des élèves		Obock :	
Lycées et collèges		Superf. 10 000	
Nombre des élèves		Popul 22 370	
Universités et écoles supérieures		Pop. kil...... 2,2	
Moyenne générale des illettrés		Dépenses de la France :	Dépenses de l'Italie :
Effectif de l'armée de terre active		480 640	15 898 000 (92)
Dette publique			
Budget des recettes			1 952 000

AFRIQUE. — II

OBJET DE LA STATISTIQUE.	Numéros.	ÉGYPTE	MAURÉTANIE FRANÇAISE. ALGÉRIE	MAURÉTANIE FRANÇAISE. TUNISIE	Numéros.	MAROC	SAHARA	CAP VERT, BISSAGOS ET GUINÉ.	SÉNÉGAL ET SOUDAN FRANÇAIS.	CASAMANCE ET RIVIÈRES DU SUD
Superficie en kilomètres carrés	1	982 300	387 400	116 300	1	567 800	6 200 000	40 850	Sénégal : Superf..... 150 380 Popul..... 1 100 000 Pop. kil. ... 7 Europ. au Sénégal : 7 400 Européens : décès quadruples des nais. Terres cultivées par Europ. : 300 hect. Import. 19 008 000 / Export. 21 800 000 (91) Arachid. 14 000 000 Gommes 4 000 000 Routes entretenues : 20 kil. Chemins de fer.. 451 Ligne télégr..... 964 Effectif de l'armée : 3 150 Rev. loc... 3 481 000 Dépenses de la France : 6 185 700 Dette..... 318 600 Soudan français : Territoire annexé : Superf.... 209 900 Popul.... 580 000 Territoires sous le protectorat : Superf... 595 700 Popul..... 2 500 000 Ch. de fer. 161 Rev. local. 400 000 Budget ... 2 189 600	Sup. totale... 301 000 Littoral..... 6 100 Popul....... 50 000 Pop. kil..... 7,8 Europ....... 65 (91) Imp. . 4 336 600 / Exp. . 4 028 000 (90) Exportation (90) : Caoutchouc. . 3 189 000 Écoles ... 11 / Élèves ... 376 (91) Rev.... 775 600 (91) Dépenses de la France : 941 000
Population	2	7 700 000	4 125 000 (91)	1 500 000	2	5 000 000 (?)	387 000	911 000		
Population kilométrique	3	8,5	8,9	13	3		0,32	22		
Natalité sur 1000 habitants	4	Europ. 90 900 (82)	Français. 268 000 Autr. Eur. 216 000 (91)	Pop. franç. 10 030 (91)	4					
Mortalité sur 1000 habitants	5				5		Aoulef, Tidikelt, etc... 50 000 Borkou...... 1 200 Kawar, etc... 8 000 Aïr........ 100 000 Touareg du N. 50 000 Touareg du S. 45 000 Toubou..... 12 000 Occidentaux.. 38 300	Iles du Cap Vert : Superf.. 3 851 Popul... 111 000 Pop. kil. 29 Import. 789 000 / Export. 2 078 000 (90) Rev. loc. 1 605 000 / Budget. 1 444 000 (92)		
Population des campagnes	6	Pop. agr. 61 %	Pop. agr. 3 415 000 (91)		6					
Céréales... Froment	7	5 000 000 (91)	76 000 000 (91)	1 600 000 (91)	7					
Céréales... Riz	8	Terres cultivées : 2 094 800 hect. (91) Nombre des dattiers : 5 438 874	101 780 quint. mét. (91)		8					
Céréales... Maïs	9				9					
Céréales... Autres céréales	10		9 420 000 quint. m. (91)		10					
Production. Vin	11		4 019 000 (91)	105 140 (91)	11					
Production. Tabac	12		3 557		12					
Production. Coton	13	224 485 t. (92)			13					
Étendue des forêts	14		3 248 780		14					
Animaux domest. Chameaux	15	1 869 000	259 094 (92)	38 617 (90)	15			Bissagos et Guiné : Import. 104 000 / Export. 340 000 (90) Rev.... 211 000 (92)		
Animaux domest. Chevaux, mules, ânes	16		258 000	110 088	16					
Animaux domest. Bêtes à cornes	17		1 233 000	158 888	17					
Animaux domest. Moutons, chèvres	18		12 879 000	1 188 540	18	Exportation (92) : Amandes. 1 457 000 fr. Haricots.. 3 234 000 fr. Maïs.... 1 600 000 fr. Bœufs... 1 904 000 fr. Peaux de chèvre.. 3 152 000 fr. Laine.... 5 088 000 fr.	Oasis et zones de culture : 200 000 kil. carrés			
Pêche	19		Exp. moy. 780 t.	1 810 000 (92)	19					
Production minière. Or	20	Canal de Suez : Navires. 3 341 Tonnage. 7 659 000 Voyag.. 180 600 (92)	Production moyenne : Huile d'olive. 34 000 t. Alfa..... 10 500 t. Liège.. 1 131 000 fr.		20					
Production minière. Argent	21				21					
Production minière. Cuivre	22				22					
Production minière. Fer	23				23					
Combustible minéral	24				24					
Production du sel	25		11 200 t. (moy.)		25					
Commerce. Importation	26	254 000 000 (92)	265 104 000 (92)	36 882 000 (92)	26	40 784 700 (92)				
Commerce. Exportation	27	247 000 000	243 907 000	37 705 000	27	56 408 000				
Valeur d'exportat. Froment	28	8 187 000 (92)	Céréales 38 436 000 Liège.. 3 934 000 (92)	8 000 000 (92)	28					
Valeur d'exportat. Maïs	29	3 089 000		Orge... 4 000 000 Huile... 7 900 000 (92)	29					
Valeur d'exportat. Sucre	30	17 780 000			30					
Valeur d'exportat. Vin	31	Graines de coton (92) : 49 864 000 f. Fèves. 17 948 000 f. (92)	54 781 000 (92)	1 900 000 (92)	31					
Valeur d'exportat. Animaux	32		30 590 000		32					
Valeur d'exportat. Peaux et cuirs	33		8 926 000		33					
Valeur d'exportat. Laine	34		10 837 000		34					
Valeur d'exportat. Coton	35	228 008 000			35					
Navigation. Navires entrés et sortis	36	14 041 (92)	7 510 (92)	Entrées 8 477 (92)	36	4 718 (92)				
Navigation. Tonnage	37	15 612 280	4 474 200	1 893 000	37	1 802 457				
Flotte commerciale	38		Alger 677 ; 8 935 t.	500	38					
Longueur des chemins de fer	39	1 971 (92)	3 050	380	39					
Nombre des voyageurs	40	7 043 300			40					
Nombre de tonnes transportées	41	1 131 300			41					
Statistique postale. Lettres	42	12 010 000 (92)	19 814 800 (92)		42					
Statistique postale. Journaux et imprimés	43		9 710 000		43					
Statistique postale. Longueur des fils télégr.	44	3 092 (92)	8 135	3 218 (91)	44					
Statistique postale. Télégrammes	45	1 436 040			45					
Nombre des indigents secourus	46				46					
Nombre des condamnations	47	118 940 (92)	15 000 (88)		47					
Membres du clergé	48				48					
Écoles primaires	49	9 086 (87)	1 270 (92)	88 (92)	49					
Nombre des élèves	50		110 400	19 000	50					
Lycées et collèges	51	56	20	4	51					
Nombre des élèves	52	4 800	5 920		52					
Universités et écoles supérieures	53		Acad. ; étud. 578 (92)		53					
Moyenne générale des illettrés	54				54					
Effectif de l'armée de terre active	55	Anglais.... 3 100 Égyptiens.. 18 000	54 000		55	12 500				
Dette publique	56	2 646 500 000		142 000 000	56					
Budget des recettes	57	259 520 000	46 853 000	26 796 000	57					
Contributions directes	58		12 818 000	7 590 000	58					

AFRIQUE. — III

OBJET DE LA STATISTIQUE.	Repère.	GAMBIE	SIERRA LEONE	LIBERIA
Superficie en kilomètres carrés	1	7 000	38 330	37 200
Population	2	50 000	180 000	1 068 000
Population kilométrique	3	7,1	4,6	28,7
Natalité sur 1000 habitants	4			
Mortalité sur 1000 habitants	5		Europ.. 224 (91)	Nègres amér. 18 000
Population des campagnes	6			— indig. 1 050 000
Céréales... Froment	7			
Céréales... Riz	8			
Céréales... Maïs	9			
Céréales... Autres céréales	10			
Production. Vin	11			Caféiers en rapport :
Production. Tabac	12			500 000
Production. Coton	13			
Étendue des forêts	14			
Animaux domest. Chameaux	15			
Animaux domest. Chevaux, mules, ânes	16			
Animaux domest. Bêtes à cornes	17			
Animaux domest. Moutons	18			
Pêche	19			
Production minière. Or	20			
Production minière. Argent	21			
Production minière. Cuivre	22			
Production minière. Fer	23			
Combustible minéral	24			
Production du sel	25			
Commerce. Importation	26	4 249 000 } (93)	10 328 000 } (91)	12 800 000
Commerce. Exportation	27	2 205 000 }	10 811 000 }	
Valeur d'exportat. Froment	28			
Valeur d'exportat. Riz	29			
Valeur d'exportat. Café	30			484 t. (89)
Valeur d'exportat. Gomme élastique	31	78 000	1 988 000 (93)	
Valeur d'exportat. Huile de palme	32			
Valeur d'exportat. Noix de palme	33		3 058 000 (93)	
Valeur d'exportat. Noix de kola	34		1 075 000	
Valeur d'exportat. Pistaches de terre	35	5 195 000		
Navigation. Navires entrés et sortis	36			
Navigation. Tonnage	37	217 484 (92)	600 709 (91)	
Flotte commerciale	38			
Longueur des chemins de fer	39			
Nombre des voyageurs	40			
Tonnes transportées	41			
Statistique postale. Lettres	42			
Statistique postale. Journaux et imprimés	43			
Statistique postale. Longueur des fils télégr.	44			
Statistique postale. Télégrammes	45			
Nombre des indigents secourus	46			
Nombre des condamnations pénales	47			
Membres du clergé	48			
Écoles primaires	49	12 } (91)	35 } (92)	
Nombre des élèves	50	651 }	10 500 }	
Lycées et collèges	51		6 }	
Nombre des élèves	52			
Universités et écoles supérieures	53			
Moyenne générale des illettrés	54			
Effectif de l'armée de terre	55		1 500	
Dette publique	56		1 350 000	5 850 000
Budget ordinaire	57	774 485	2 173 000 (92)	876 000 (86)
Contributions directes	58			

AFRIQUE. — III

GUINÉE ANGLAISE	GUINÉE FRANÇAISE	GUINÉE ALLEMANDE	BAS NIGER	OUADAI ET TIADÉ
Côte de l'Or : Superficie. 38 850 Population 1 474 000 Pop. kil... 37,9 Européens. 150 Imp.. 14 987 000 } (92) Exp.. 15 027 000 } Exportation (92) : Gomme élastique : 4 106 300 Huile de palme : 4 475 853 Noix de palme : 2 232 000 Poudre d'or : 2 470 000 Tonnage : 828 910 (92) Élèves.... 7 372 Télégraphe.. 458 (92) Rev.. 1 577 000 (92) **Lagos :** Superficie... 2 771 Population.. 100 000 Pop. kil.... 36 Européens.. 150 Lagos avec Yoruba : Superficie. 98 000 Population 3 600 000 Pop. kil... 37 Chrétiens.. 8 000 Musulmans 12 000 Imp. 13 081 000 } (92) Exp. 14 487 000 } Exportation (92) : Noix de palme : 6 525 000 Huile de palme : 3 414 300 Tonnage : 679 584 (92) Écoles.... 34 Élèves.... 2 500 (Sans écoles musulm.) Rev.... 1 710 000 (92)	Superficie.. 64 780 Population. 1 200 000 Pop. kil... 19 Import.. 6 221 000 (90) Export.. 2 748 000 (89) Budget. 645 500 **Dahomey :** Superficie... 10 330 Population.. 250 000 Pop. kil.... 24	**Togo :** Superficie. 60 000 Populat.... 2 250 000 Pop. kil... 37 Import.... 5 806 000 Export.... 2 942 000 Mouvem. des navires : 187 ; 174 886 t. (92) Revenu.... 386 000 **Kameroun :** Superficie. 487 950 Populat.... 2 600 000 Pop. kil... 5,4 Européens. 203 dont Allem. 147 Stations de commer. 48 Import. 5 484 000 } (92) Export. 5 208 000 } Navires entrés. 80 Tonnage 93 000 Revenu.... 561 000	**Niger, Territories :** Superficie... 1 286 000 Pop. de 20 à 35 000 000 **Sokoto et Gando :** Superficie.. 864 000 Population. 15 000 000 Pop. kil... 22 Export.. 6 556 000 (92) **Oil Rivers (Rivière de l'Huile) :** Superficie... 38 700 Population.. 1 548 000 Pop. kil.... 40 Imp.. 18 000 000 } (92) Exp.. 21 886 000 } Mouv. des navires : 671 ; 701 119 t. (92)	**Bornou :** Superficie... 129 800 Pop. plus de. 5 000 000 Effectif de l'armée : 30 000 **Ouadaï :** Superficie... 445 480 Population.. 2 600 000 Pop. kil.... 5,8 Effectif de l'armée : 7 000 **Kanem :** Superficie.. 77 790 Population.. 100 000 **Baghirmi :** Superficie... 183 890

AFRIQUE. — IV

OBJET DE LA STATISTIQUE.	Repère.	CONGO.	CAP.	NATAL.
Superficie en kilomètres carrés	1	Congo espagnol :	576 050	48 630
Population	2	Superf. ... 15	1 527 224 (91)	544 000 (91)
Population kilométrique	3	Popul. ... 2 000	2,6	11,4
Natalité sur 1000 habitants	4	Pop. kil. ... 133	Europ. ... 377 000 (91)	Europ. 45 500 (91)
Mortalité sur 1000 habitants	5		Immigr. ... 13 660 (98)	Immigr. 880
Population des campagnes	6		20 %	
Céréales... Froment	7	Congo français :	1 460 700	2 190 (98)
Riz	8		190 000	
Maïs	9	Superf. ... 647 500	884 000	920 000 (98)
Autres céréales	10	Popul. ... 9 900 000	1 637 600	
Production. Cacao	11	Pop. kil. ... 10,2		
Sucre	12	Européens ... 300		30 211 t. (98)
Café	13	(sans la garnison)		31,3
Tabac	14	Import. ... 3 000 000	1 964,5	Thé 123,4 t. (98)
Vin	15	Export. ... 7 200 000	980 000	
Étendue des forêts	16	Nav. entr. ... 134 (97)	142 400	57 100
Animaux domest. Chevaux, mules, ânes	17	Tonnage ... 92 132	450 900	48 100
Bêtes à cornes	18	Lettres, etc. 178 460 (94)	1 109 450	961 347 (98)
Moutons et chèvres	19	Écoles prim. ... 10	22 411 000	1 344 000
Porcs	20	Élèves ... 400	591 000	
Autruches	21		256 000	
Pêche	22	Budget local :	380 bateaux	
Ensemble de la production agricole	23	1 393 600 (98)	Laine ... 35 500 t.	
Nombre des propriétaires	24	Dépenses de la France :	Poils de chèvr.	
Production minière. Or	25	1 388 670	d'Angora ... 2 536 t.	Exp. 3 539 000 fr. (98)
Argent	26		Pl. d'autruch. ... 100 t.	
Cuivre	27		Beurre ... 1 292 t.	
Diamants	28		118 000 000	
Combustible minéral	29	Congo portugais :		417 000 (98)
Sel	30	Superf. ... 986		
Filatures	31	Popul. ... 2 000		
Métallurgie	32	Pop. kil. ... 12		
Bière et eaux-de-vie	33		Eaux-de-vie 70 400	
Production industrielle totale	34	Congo indépendant :	250 075 000 (91)	
Group. des ouvr. Mines	35		16 000	
Grande industrie	36	Superf. ... 1 940 000	21 000 (91)	
Petite industrie	37	Popul. ... 14 100 000	48 000	6 838
Commerce. Importation	38	Pop. kil. ... 7	200 951 000 (98)	75 176 000 (98)
Exportation	39	Européens ... 030 (91)	205 105 000	37 015 000
Valeur d'export. Laine	40	Importation 9 385 000	50 727 000	5 776 t. (98)
Plumes d'autruches	41	Exportation 5 968 000	12 995 000 (98)	
Peaux et cuirs	42	Exportation (98) :	11 920 000	109 000 pièces (98)
Diamants	43		97 875 000	Poil de chèv. d'Angora :
Ivoire	44	Ivoire ... 5 966 000 fr.		314,8 t. (98)
Mouvement des navires	45	Caoutch. ... 1 662 000 fr.	4 530 (98)	1 091 (98)
Tonnage	46	Noix ... 540 000 fr.	3 363 719	1 123 890
Flotte commerciale	47	Café ... 310 000 fr.	37 ; 5 885 t.	21 ; 3 211 t.
Ensemble des routes carrossables	48	Huile de	12 572	5 000
Longueur des chemins de fer	49	palme ... 570 000 f.	3 908	640
Nombre des voyageurs	50	Nav. entr. ... 778 (98)	4 771 000 (98)	
Nombre des tonnes transportées	51	Tonnage, 199 297	713 000	
Statistique postale. Lettres	52	Chem. de fer ... 40	13 860 000 (98)	
Journaux et imprimés	53	Lettres ... 135 430 (91)	8 800 000	
Longueur des lignes télégr.	54	Effectif de l'armée :	8 820 (98)	
Télégrammes	55		1 452 000	
Nombre des indigents secourus	56	Indigènes ... 5 590	7 150	
Nombre des condamnations	57	Officiers europ. ... 80	41 150 (98)	
Population moyenne des prisons	58	Flotte de guerre :	2 241	
Clergé et ordres religieux	59	12 navires à vapeur		
Écoles primaires	60	Dépenses ... 5 791 000	1 800 (98)	220
Nombre des élèves	61	Recettes ... 1 960 000	61 710	15 700 (91-98)
Lycées et collèges	62			9
Nombre des élèves	63			150
Université et écoles supérieures	64		1 univ. ; 237 étud. (91)	
Moyenne générale des illettrés	65		75 %	
Livres publiés	66			
Journaux	67		78	
Effectif de l'armée de terre active	68		1 700	2 150
Flotte de guerre	69			
Dette publique	70		692 114 500	179 200 000 (98)
Budget des recettes	71		125 275 000 (98)	34 611 000
Budget provincial et communal	72		18 606 000	

AFRIQUE. — IV

Repère.	AUTRES POSSESSIONS ANGLAISES.	ORANGE.	RÉPUBLIQUE SUD-AFRICAINE.	DAMARA ALLEMAND.	ARCHIPELS ATLANTIQUES.
1	Zulu :	125 356	281 500	835 000	Îles San Thomé
2	Superf. ... 22 330	207 500 (90)	800 000	200 000	et du Prince :
3	Popul. ... 161 000 (92)	1,66	2,7	0,3	Superf. ... 1 080
4	Pop. kil. ... 7,2	Europ. 77 700 (90)	Europ. 180 000		Popul. ... 21 000 (78)
5	Europ. ... 1 348		Terres cultivées :	Races diverses :	Pop. kil. ... 20
6	Écoles ... 19 (91)		20 980 hect.	Ova-mbo ... 100 000	Imp. au Portugal :
7	Élèves ... 789			Dama-ra (plaine) 85 000	7 778 000 (90)
8		471 000		» (monts) 30 000	Exp. au Portugal :
9	Revenu. 1 061 000 (98)			Nama-Koin ... 20 000	1 065 000 (90)
10					Revenu. 1 214 600 (98)
11					
12	Basuto :				
13	Superf. ... 30 480	Terres cultivées :		Le port du protectorat,	Fernando Po :
14	Popul. ... 219 000 (91)	121 590 hect. (90)	Swaziland :	Walfisch-Bay,	Superf. ... 1 998
15	Pop. kil. ... 7		Superf. ... 16 500	est une enclave	Popul. ... 25 000
16	Europ. ... 578		Popul. ... 61 000	anglaise.	Pop. kil. ... 13
17	Animaux domest.	238 878	Pop. kil. ... 3,7	Superf. ... 1 781	
18	Chev. ... 81 104 (91)	896 090	Europ. de 600 à 1 600		Île d'Ascension :
19	Bêtes à	7 472 277 (90)	Effect. de l'arm. 19 000	Revenu ... 334 000	Superf. ... 90
20	cornes. 320 834	54 400	Rev. ... 434 000 (98)		Popul. ... 360
21	Import. 2 358 000 (98)	1 461			Pop. kil. ... 4
22	Exp. des céréales :				Import. ... 75 250 (90)
23	2 250 000 (98)				Export. ... 2 650
24	Écoles ... 135		11 254		
25	Élèves ... 7 196				Île de Sainte-Hélène :
26	Revenu. 1 645 000				Superf. ... 121
27					Popul. ... 4 116 (91)
28		6 064 000 (98)	500 000 (98)		Natalité ... 25,9
29	Bechuana :				Mortalité ... 13,8
30	Superf. ... 164 150				Émig. moy. 200
31	Popul. ... 60 376 (91)				Écol. prim. 11 (91)
32	Pop. kil. ... 0,4				Élèves ... 692
33	Europ. ... 5 254				Pêche de la baleine :
34	Revenu. 5 687 600				455 700 fr. (91)
35					Richesse totale :
36	Matabeleland :				5 000 000
37	Superf. ... 365 260	40 516 500 (98)	87 470 000 (98)		Import. ... 700 000 (98)
38	Popul. ... 200 000	(inclus dans l'export. du Natal)			Export. ... 25 000
39	Pop. kil. ... 0,6				Mouvem. des nav. :
40	Europ. ... 3 000				Tonnage. 74 261 (98)
41					Lettres ... 21 110
42	British central Africa :				Journ. et
43	Superf. ... 1 618 000				imprim. 2 680 (91)
44	Popul. ... 4 000 000				Lign. télégr. 20
45	Pop. kil. ... 2,5				Revenus. 172 000 (98)
46	Europ. ... 257	789	394		
47	Import. 1 036 000 (98)				Tristan da Cunha :
48	Export. 925 000				Superf. ... 116
49	Effectif de l'armée :				Popul. ... 50
50	530 ; 5 auxiliaires	5 900	2 711		Bêtes à cornes ... 500
51					Moutons et chèvr. ... 275
52	Pondoland :				Porcs ... 52
53	Superf. ... 11 190				
54	Popul. ... 180 000	190	655 (98)		
55	Pop. kil. ... 17	4 580	3 170		
56		2			
57–66					
67		4			
68		667	129		
69					
70		1 560 000	177 420 000		
71		7 159 000	81 346 000 (98)		
72					

AFRIQUE. — V

OBJET DE LA STATISTIQUE.	MOZAMBIQUE.	PROTECTORAT ALLEMAND.	ZANZIBAR ET PROTECTORAT ANGLAIS.
Superficie en kilomètres carrés	801 970	955 220	**Zanzibar :** Superf. 2 560 Popul. 210 000 Pop. kil. 82
Population	1 500 000	2 900 000	
Population kilométrique	1,9	3	
	Imp... 14 101 000 } (91) Exp... 11 765 000 } Princip. marchandises d'export. : Noix de coco, caoutchouc, ivoire. Mouvem. des nav. (91) 303; 325 000 t. Chem. de fer. 167 Lignes télégr. 370 (91) Reven. . 3 917 000 (92) Dép. ord. et extraord. : 7 426 000 (92)	Imp. . 52 967 000 } (92) Exp... 46 250 000 } Valeur d'export. : Ivoire....... 6 650 000 Caoutchouc. . 1 198 000 Chem. de fer. 140	Imp. . 29 655 000 } (92) Exp... 22 700 000 } Valeur d'export. (92) : Ivoire.... 3 705 000 fr. Girofle... 2 961 000 fr. Koprah... 1 512 000 fr. Caoutch.. 725 000 fr. Gomme.. 490 000 fr. Peaux.... 405 000 fr. Nav. entr. 149 } (91) Tonnage. 200 000 } Chemin de fer. 5 Eff. de l'arm. 1 000
	Angola : Superf... 1 359 450 Popul.... 12 400 000 Pop. kil.. 9 Imp.. 28 500 000 } (91) Exp.. 21 500 000 } Chem. de fer. 241 } (92) Lignes télégr. 418 } Revenu. 6 426 000 (92)		**Protectorat anglais :** Superf..... 1 325 000 Popul...... 5 000 000 Pop. kil.... 4 Imp... 3 687 000 } (92) Exp... 1 825 000 } Revenu de la douane : 2 450 000 (92)
			Somalie anglaise : Superf....... 77 000 Popul........ 240 000 Pop. kil...... 3 Imp... 6 567 000 } (92) Exp... 6 782 000 } Revenu.. 326 000 (92)

OCÉAN ET AUSTRALASIE. — I

OBJET DE LA STATISTIQUE.	MADAGASCAR ET ILES VOISINES.	AUTRES ILES DE L'OCÉAN INDIEN. ANGLAISES.	AUTRES ILES DE L'OCÉAN INDIEN. FRANÇAISES.
Superficie en kilomètres carrés Population Population kilométrique	591 984 3 500 000 6 Hova .... 1 000 000 Sakalava..... 1 000 000 Betsileo...... 600 000 Betsimi-Saraka. 400 000 Protestants ... 450 000 Catholiques... 50 000 Import. 4 354 250 } (88) Export.. 4 030 750 } Valeur d'export. (88) : Peaux. ... 1 760 750 fr. Caoutch.. 1 386 200 fr. Rafia..... 401 075 fr. Cire ..... 280 000 fr. Bœufs.... 244 000 fr. Exp. en Angleterre (92) : Caoutch.. 1 896 800 fr. Mouvement des navires. 1 200 } (86) Tonnage 260 000 } Lignes télégr.. 290 Écoles........ 1 800 Élèves....... 170 000 Journ. et rev.. 10 Armée........ 20 000 **Diego-Suarez :** Popul...... 9 600 (89) Import.. 675 840 } (87) Export.. 563 100 } Pop. kil. 46 Budget local : 128 410 Dépenses de la France : 2 244 092 **Sainte-Marie :** Superf. .... 166 Popul...... 7 700 Import. . 145 800 } (89) Export .. 109 500 } Budget local : 90 000 Dépenses de la France : 35 000 **Nossi Bé :** Superf..... 283 Popul. ..... 7 800 Import. 2 600 000 } (90) Export. 2 700 000 } Budget local : 205 000 Dépenses de la France : 74 000	**Maurice :** Superf. .. 1 914 Popul. ... 372 000 (91) Pop. kil. . 194 Femmes.. 165 000 Hommes . 207 000 Hindous.. 209 079 (91) Natalité.. 37,4 } (91) Mortalité.. 26,9 } Imp... 27 780 000 } (92) Exp. . 32 025 000 } Export. (92) : Sucre. .. 25 321 000 fr. Fibr. d'aloès 500 000 fr. Rhum... 510 000 fr. Vanille . 278 000 fr. Mouv. des navires : Navires. 482 } (92) Tonnage 215 000 } Flotte commerc. : 66 nav. ; 4 732 t. Chemins de fer... 148 Lettres et journaux : 2 675 700 (92) Écol. prim. 168 } (92) Élèves ... 16 457 } Élèves des 2 collèges : 514 (92) *Effectif de l'armée :* 834 Revenu 12 530 000 (92) Dette.. 19 287 000 (92) **Seychelles :** Superf. ... 264 Popul..... 16 440 (91) Import. 1 006 000 } (92) Export. 1 318 000 } Nav. entrés. 79 (91) Écoles ..... 26 Élèves...... 1 844 Revenu .. 321 700 (92) **Rodriguez :** Superf. .. 110 Popul.... 2 068 (91) Import. . 80 000 } (90) Export. . 153 000 } Revenu.... 12 000 (92) **Amirantes :** Superf....... 83 Popul........ 150 **Chagos :** Superf....... 110 Popul........ 700 Exp. huile de coco : 2 000 hectol. **Keeling :** Superf....... 16 Popul........ 500	**Mayotte :** Superf.... 366 Popul..... 12 270 (89) Pop. kil. . 33 Production (87) : Sucre ..... 3 000 t. Rhum..... 820 hect. Import. 600 000 } (90) Export. 1 800 000 } Budget local : 260 420 Dép. de la France : 98 200 **Comores :** Superf.... 2 067 Popul. .... 47 000 (87) Pop. kil. . 22 **Réunion :** Superf. .. 1 980 Popul. ... 171 751 (92) Pop. kil. 87 Hindous.. 23 161 Malgaches 5 617 Africains. 9 769 Chinois .. 412 Terres cultivées (86) : Ch. de canne... 31 500 Caféteries ..... 4 350 Vanilleries .... 3 300 Ch. de vivres... 9 400 Autres cult.... 8 450 Animaux domest. (87) : Chev. et mules.. 8 065 Bœufs......... 8 402 Mout. et chèvr.. 27 972 Imp. . 22 240 000 } (92) Exp... 15 734 000 } Navigation en 1892 : 234 nav. ; 205 534 t. Exp. du sucre (92) : 38 402 t. Routes nationales : 515 (84) Chemins de fer... 126 Revenu ..... 4 514 000 Dép. de la France : 4 454 745

OCÉAN, INSULINDE, AUSTRALASIE. — II

OBJET DE LA STATISTIQUE.	Repère.	INSULINDE NÉERLANDAISE.	INSULINDE BRITANNIQUE.	INSULINDE PORTUGAISE.	PHILIPPINES.	PAPOUASIE Allemande et Anglaise et Dépendances.	AUSTRALIE.	NOUVELLE ZÉLANDE.	ILES FIDJI.
Superficie en kilomètres carrés	1	1 875 001	Labouan :	Timor et Kambing :	296 182	Kaiser Wilhelms'Land :	7 694 897	270 580	20 837
Population	2	35 000 000	Superf. 78	Superf. 19 300	7 000 000	Superf. .. 181 650	3 390 200 (96)	681 500 (91)	122 460
Population kilométrique	3	17	Popul. 6 000	Popul. 300 000	23	Popul. 110 000	0,45	2,5	6,1
Natalité sur 1000 habitants	4	Java 40,1 (87-91)	Pop. kil. 77	Pop. kil. .. 0,8	41	Pop. kil. .. 0,6	34,99 } (91)	27,8 } (96)	Fidjiens .. 36 } (91)
Mortalité sur 1000 habitants	5	» .... 25,7 »	Europ. 50	Import.. 2 817 000 (98)	25,3	Import. .. 400 000 (91)	14,78	10,09	— .. 30,4
Population agricole	6		Charb. de terre exp. :	Export.. 1 987 000 (98)			330 000 (91)	366 000 (91)	Europ. .. 2 231
Immigration	7	Europ. .. 57 917 } (91)	9 685 t. (90)	Revenu. 2 580 000 (98)	Imp.. 135 000 000 } (98)		195 600 } (98)	13 122 } (96)	Fidjiens.. 107 745
Émigration	8	Chinois . 430 000			Exp.. 167 365 000	Archipel de Bismarck :	186 000	13 164	Indiens .. 9 163
Céréales. Froment	9	Malais ... 300 000	Import. 1 570 000 } (98)		Export. (98) :	Superf. .. 47 100	11 233 430	5 016 000	Polynés. .. 4 580
Céréales. Blé	10	Arabes .. 22 810	Export. 2 180 530		Sucre ...... 265 400 t.	Popul. .. 190 000			
Céréales. Maïs	11	Sucre Java :	Tonnage des navires		Chanv. (abaca). 29 018 t.	Pop. kil. 4	9 665 000		Terres cultivées
Céréales. Autres céréales	12	367 275 t.	entrés et sortis :		Tabac ...... 25 421 t.	Imp. 1 271 000 (91)	2 376 000	3 097 000	par Européens (91) :
Production. Sucre	13	Thé Java :	115 855 (98)		Cigares 157 100 000		80 000	Production (96) :	Noix de coco.. 2 376 h.
Production. Vin	14	3 331 570 k. (91)			Café .... 1 415 t.		258 000	Beurre ... 7 931,2 t.	Canne à sucre. 6 192 h.
Production. Thé	15	Café .... 61 816 t. (98)	Revenu .. 157 000 (98)		Noix de coco. 6 500 000	Îles Marshall :		Fromage . 4 453,4 t.	Bananes ..... 1 097 h.
Production. Café	16				Bois de sapan 4 100 t.	Superf. 410		Étendue des forêts :	Thé .... 190 h.
Production. Tabac	17	25 695 } (91)	Bornéo du Nord		Indigo ..... 857 t.	Popul. 16 000	417,2	6 334 000 hect.	
Production. Indigo	18	732,85	(North Borneo)			Pop. kil. .. 39			
Production des forêts	19				Navires entr. et sortis :		16 780 000 (97)		
Animaux domest. Chevaux, mules, ânes	20	Chev. 501 400 } (91)	Superf. ... 80 800		984 (92)	Import.. 818 000 } (91)	1 607 830	211 040 } (91)	1 902 } (92)
Animaux domest. Bêtes à cornes	21	1 579 000	Popul. 250 000			Export.. 752 000	11 505 789	251 534	9 409
Animaux domest. Moutons et chèvres	22	Terres cultiv. (90) :	Pop. kil. .. 3		Tonnage 1 569 792	Nav. entr. 78 } (91)	105 914 600	19 827 126	Moutons .. 6 050
Animaux domest. Porcs	23	Riz .... 1 768 000 hect.	Terres concédées :		Chem. de fer 113	Tonnage . 8 836	716 000	308 812	Chèv. d'Ang. 2 853
Pêche	24	Maïs .. 580 000 hect.	400 000 hect.		Lign. télégr. 1 158				Valeur d'exp. (98) :
Ensemble de la production agricole	25	Arach. . 184 000 hect.			Revenu 84 800 000	Îles Salomon :			Sucre .. { 18 883 t.
Production minière. Or	26	Prod. de quinquina (91) :	Tabac ... 544,2 t. (90)			Superf. 25 490	47 397 (98)	7 462 } (98)	7 860 000 fr.
Production minière. Argent	27	5 134 960 kilog.	Imp. .. 5 685 000 } (98)			Popul. 90 000	419 667 (93)	585	Koprah { 5 990 t.
Production minière. Cuivre	28		Exp. .. 6 125 000			Pop. kil. ... 3,5	34 940 (91)	Gom. kauri 8 728 t. (98)	1 322 000 fr.
Production minière. Fer	29	Pêcheurs : 50 000							Bananes . 1 580 000 fr.
Combustible minéral	30	Mines d'étain.. 308 (98)	Tonnage 200 000			Com. Bois de sandal.	4 082 000 (98)	804 794 (91)	Arachides :
Production du sel	31	Production ... 12 000 t.	Armée 400			Écaille de tortue.		Valeur d'export. :	379 t.; 1 780 000 fr.
Production des filatures	32	Mineurs 12 040	Revenu. 2 086 000 (98)					Laine 107 852 000 f. (98)	
Production métallurgique	33					Nouvelle-Guinée	319 379 000 (91)	Viand. gel. { 20 839 000 f. 44 771 t. } (98)	
Bière et eaux-de-vie	34		Bruni et Sarawak :			britannique;	Export. de la laine :		
Puissance totale des machines à vapeur	35	Mach. à vapeur :	Superf. ... 140 000			Archipel	304 908 000 fr. (98)	253 884 000 (90)	
Production industrielle totale	36	1 695 (91)	Popul. ... 500 000			de la Louisiade :			
Richesse totale	37		Pop. kil. .. 3,5			Superf. ... 263 000			
Group. des ouvr. Mineurs	38					Pop. prob. 350 000	50 799 (98)		
Group. des ouvr. Grande industrie	39		Imp. ... 13 810 000 } (98)			Europ. 250	114 000 (98)	70 980 (90)	
Group. des ouvr. Petite industrie	40		Exp. ... 10 780 000			Mines d'or (98) :			
Commerce. Importation	41	249 078 000 } (91)	Armée 250			Mineurs (Louisiade) 60	1 315 479 000 } (98)	173 578 000 } (92)	5 540 000 } (98)
Commerce. Exportation	42	470 780 000				Product.. 259 775 (91)	1 385 114 000	253 371 000	10 870 000
Mouvement des navires	43	10 015 } (98)					15 588 } (96)	1 246 } (98)	189 } (98)
Tonnage	44	9 820 945 m³				Import. 879 560	15 561 800	1 918 790	129 100
Flotte commerciale	45	1 799; 83 055 (90)				Export. 334 000	1 647; 218 000 t.	465; 74 580 t.	326; 3 614 t. (98)
Ensemble des routes carrossables	46					Koprah exp. : 840 t. (98)	150 000 (98)		
Longueur des chemins de fer	47	1 282 (98)				Nav. ent. et sort. .. 148	17 000 (98)	3 575	
Nombre des voyageurs	48					Tonnage 8 885	97 820 000 } (91)	5 229 000	
Nombre des tonnes transportées	49					Lettres ... 2 340 } (98)	9 824 000	2 256 000	
Statistique postale. Lettres	50	8 836 480 (91)				Journaux .. 9 280	183 975 000 } (98)	63 180 000 } (98)	390 930 (98)
Statistique postale. Journaux et imprimés	51	6 000 000					97 297 500	54 850 000	564 580
Statistique postale. Longueur des lignes télégr.	52	11 048 } (91)				Revenu .. 112 300 (98)	84 800 } (91)	6 816	
Statistique postale. Télégrammes	53	545 605					9 486 900	1 901 000	
Nombre des indigents secourus	54						50 000 (98)	880 (98)	
Population moyenne des prisons	55	23 851 (98)					6 800 (98)	447 (98)	
Clergé et ordres religieux	56							Clergé : 849 (91)	250
Écoles primaires	57	19 227 } (91)					7 486 } (98)	1 611 } (98)	2 100
Nombre des élèves	58	445 865					657 900	114 010	41 540
Lycées et collèges	59	19 } (90)						24	
Nombre des élèves	60	947						2 829	
Universités et écoles supérieures	61						1	7 } (98)	
Nombre des étudiants	62							808	
Moyenne générale des illettrés	63						6,5 %		
Livres publiés	64								
Journaux et revues	65							175	
Effectif de l'armée de terre active	66	31 800 (96)					8 200 (98)	8 500	
Flotte de guerre	67	84 } (90)							
Personnel des équipages	68	4 800							
Nombre des fonctionnaires	69								
Dette publique	70						4 019 189 000	985 475 000 (98)	3 091 000
Budget des recettes	71	270 896 000					616 600 000 (98)	101 117 000 } (98)	1 810 000
Contributions directes	72	37,2 %						11 250 000	488 400

OCÉAN, INSULINDE, AUSTRALASIE. — III

OBJET DE LA STATISTIQUE.	Repères.	AUTRES ÎLES ANGLAISES.	SAMOA.	TONGA.
Superficie en kilomètres carrés	1	Îles Cook (Hervey)	2 787	997
Population	2	et Rarotonga :	36 000	19 940 (92)
Population kilométrique	3	Superf. 368	13	19
Natalité sur 1000 habitants	4	Popul. 9 900		Européens 250
Mortalité sur 1000 habitants	5	Pop. kil. 27	Anglais 250	
Population des campagnes	6		Allemands 80	
Immigration	7			
Émigration	8	Îles de Gilbert :		
Céréales. Froment	9	Superf. 440		
Riz	10	Popul. 41 000		
Maïs	11	Pop. kil. 94		
Autres céréales	12			
Production. Sucre	13			
Vin	14	Autres îles		
Thé	15	et Archipels :		
Café	16	Ducie		
Tabac	17	Savage (Nioué) 5 124		
Indigo	18	Manikiki 1 600		
Forêts	19	Pilai		
Animaux domest. Chevaux, mulets, ânes	20	Suvarof		
Bêtes à cornes	21	Duboa		
Moutons et chèvres	22	Union (Tokelau) 690		
Porcs	23	Phoenix		
Pêche	24	Malden		
Ensemble de la production agricole	25	Starbuck		
Production minière. Or	26	Penrhyn		
Argent	27	Caroline		
Cuivre	28	Ellice		
Fer	29	Christmas } 200		
Combustible minéral	30	Fanning, arch. } hab.		
Production du sel	31	Washington		
Production des filatures	32	Jarvis		
Production métallurgique	33			
Bière et eaux-de-vie	34			
Puissance totale des machines à vapeur	35			
Production industrielle totale	36			Import. 1 211 000 (91)
Richesse totale	37			Anglais 814 000
Group. des ouvr. Mineurs	38			Allem. 375 000
Grande industrie	39			Export. 1 806 000 (91)
Petite industrie	40			Anglais 1 301 800
Commerce. Importation	41		7 906 800	Allem. 520 000
Exportation	42		1 081 078	
Mouvement des navires	43		Nav. entr. 104 (92)	95 190 t. (90)
Tonnage	44		65 565	
Flotte commerciale	45			
Ensemble des routes carrossables	46			
Longueur des chemins de fer	47			
Nombre des voyageurs	48			
Nombre des tonnes transportées	49			
Statistique postale. Lettres	50			
Journaux et imprimés	51			
Longueur des lignes	52			
Télégrammes	53			
Nombre des indigents secourus	54			
Population moyenne des prisons	55			
Clergé et ordres religieux	56			
Écoles primaires	57			
Nombre des élèves	58			
Lycées et collèges	59			
Nombre des élèves	60			
Universités et écoles supérieures	61			
Nombre des étudiants	62			
Moyenne générale des illettrés	63			
Livres publiés	64			
Journaux	65			
Effectif de l'armée de terre active	66			
Flotte de guerre	67			
Personnel des équipages	68			
Nombre des fonctionnaires	69			
Dette publique	70			
Budget des recettes	71		99 000 (91)	448 000 (92)
Budget provincial	72			

OCÉAN, INSULINDE, AUSTRALASIE. — III

Repères.	OCÉANIE FRANÇAISE. NOUVELLE-CALÉDONIE.	TAÏTI, MOOREA, ÎLES DE LA SOCIÉTÉ.	ÎLES MARQUISES, BASSES ET WALLIS.	ARCHIPEL HAWAÏEN.	TERRES ANTARCTIQUES.
1	21 000	1 660	Marquises :	17 000	Inhabitées.
2	62 752 (89)	16 840	Superf. 1 274	89 990 (90)	
3	2,9	10	Popul. 5 754	5	
4			Pop. kil. 4,5		
5	Colons 5 586			Hommes 58 714	
6	Indigènes 41 874		Îles Basses	Femmes 31 276	
7	Engagés 1 295		(Tuamotou) :	Indigènes 34 436	
8	Forçats libérés 2 518		Superf. 978	Chinois 15 301	
9	Forçats 4 000		Popul. 5 606	Japonais 12 360	
10	Terres appropriées		Pop. kil. 5,7	Européens 12 200	
11	par colons et indig.		Tubuaï (Îles australes) :	Immigr. 7 336 } (91)	
12	498 000 hect.		Superf. 286	Émigrants 3 087 }	
13			Popul. 1 365		
14			Pop. kil. 5		
15					
16			Wallis :		
17			Superf. 96		
18			Popul. 5 200		
19	150 000 hect.		Pop. kil. 57		
20					
21	120 000				
22					
23					
24					
25	Miner. de chrome :				
26	4 536 000 fr. (91)				
27	Minerais				
28	de plomb et d'arg. :				
29	177 000 fr. (91)				
30					
31					
32					
33					
34					
35		Valeur d'exp. (91) :			
36	Valeur d'export. :	Coprah .. 2 127 000 fr.		Valeur d'export. (92) :	
37	Nickel 4 486 800 fr. (90)	Nacre .. 1 585 800 fr.		Sucre .. 56 366 000 fr.	
38	Conserv. de viande :	Coton .. 263 000 fr.		Riz .. 2 580 000 fr.	
39	606 000 fr. (91)	Vanille .. 119 000 fr.		Bananes 1 588 000 fr.	
40					
41	14 288 000 } (90)	(Tahiti) 3 554 000 } (91)		23 470 000 } (91)	
42	7 545 000 }	4 348 000 }		39 900 000 }	
43	184 } (90)	856 } (90)		Nav. entr. 288 } (92)	
44	280 000 }	35 100 }		298 092 }	
45				24 nav. : 13 489 t.	
46					
47				90	
48					
49					
50	Nouvelles-Hébrides :			1 800 000 (90)	
51	(Protectorat commun				
52	de la France et de			402	
53	la Grande-Bretagne.)				
54	Superf. 13 227				
55	Popul. 70 000				
56	Pop. kil. 4,7				
57				165	
58				10 712	
59					
60					
61					
62					
63					
64					
65	Fonction. et soldats :				
66	3 476				
67					
68	Budget local. 20 600 fr.	Dépenses de France :			
69	Dépenses de la France :	848 319			
70	3 299 000			16 023 000	
71		Budget 1 143 000		29 040 000 (90-92).	
72	30 600				

AMÉRIQUE DU NORD. — I

OBJET DE LA STATISTIQUE.	Repère.	GROENLAND	POSSESSIONS OU DOMINION.	TERRE-NEUVE.
Superficie en kilomètres carrés	1	88 100	7 990 700	110 670
Population	2	10 244 (91)	4 833 000	202 000 (91)
Population kilométrique	3	0,18	0,6	1,8
Natalité sur 1 000 habitants	4	37 } (91 à 91)	Européens 4 842 000, Indiens 121 000, Chinois 9 130 (91)	35 } (91)
Mortalité sur 1 000 habitants	5	38 }		28 }
Population des campagnes	6			Pêcheurs 54 280, Fermiers 1 545 (91)
Immigration	7		33 350 (91)	
Céréales… Froment	8		17 546 000 (92)	Terres cultivées : 91 130 hect. (91)
Céréales… Riz	9		Agric. 735 207 (91), Mineurs 15 138 (91)	
Céréales… Maïs	10			
Céréales… Autres céréales	11			
Production. Sucre	12		Valeur de product. (92) : Nickel 17 586 700 fr., Pétrole 4 012 000 fr., Asbeste 1 548 000 fr.	
Production. Vin	13			
Production. Café	14			
Production. Cacao	15			
Production. Tabac	16			
Production. Coton	17			
Production des forêts	18			
Animaux domest. Chevaux, mulets, ânes	19			6 136 }
Animaux domest. Bêtes à cornes	20	50		35 928 } (91)
Animaux domest. Moutons	21			60 840 }
Animaux domest. Porcs	22	Chiens 1 800		32 000 }
Pêche	23		94 706 000 (92)	35 000 000 (moy.)
Ensemble de la production agricole	24	Produit de la pêche : Phoques 90 000, Morses et baleines 1 000, Morues 200 000		Valeur d'export. (91) : Morue, etc. 23 615 000 fr., Huile de poisson 3 288 000 fr., Homards 2 148 000 fr., Peaux de phoque 1 884 000 fr., Cuivre 3 124 000 fr.
Nombre des propriétaires	25			
Production minière. Or	26		4 601 400 fr. }	
Production minière. Argent	27		1 389 500 fr. } (92)	
Production minière. Cuivre	28		4 107 980 fr. }	
Production minière. Fer	29		3 187 000 fr. }	
Combustible minéral	30		3 500 900 (92)	
Sel	31		Valeur d'export. (92) : Bois 51 282 000 fr., Fromage 59 657 000 fr., Bestiaux 36 438 000 fr., Poisson 10 958 000 fr., Peaux et cuirs : 9 778 500 fr.	
Filatures	32	Export. de cryolithe : 775 t.		
Métallurgie	33			
Bière et eaux-de-vie	34			
Puissance totale des machines à vapeur	35			
Production industrielle totale	36			
Richesse totale	37			
Group. des ouvr. Mineurs	38			1 923 } (91)
Group. des ouvr. Grande industrie	39		380 000 (91)	2 681 }
Group. des ouvr. Petite industrie	40			
Commerce. Importation	41	678 200 } (92)	627 030 000 } (92)	34 347 000 } (91)
Commerce. Exportation	42	894 600 }	613 400 000 }	37 156 000 }
Mouvement des navires	43		95 215 } (92)	
Tonnage	44		18 688 480 }	836 319 (91)
Flotte commerciale	45		6 860 ; 987 100 t. (92)	2 225 ; 94 535 t. (91)
Long. des canaux et des rivières navigables	46		4 344	
Chemins de fer	47		23 909 (92)	900
Nombre des voyageurs	48		13 533 400 } (92)	
Tonnes transportées	49		25 190 000 }	
Statistique postale. Lettres	50		133 675 000 }	
Statistique postale. Journaux et imprimés	51		59 080 000 } (92)	
Statistique postale. Longueur des lignes télégr.	52		51 236 }	
Statistique postale. Télégrammes	53		4 616 000 }	
Nombre des indigents secourus	54			
Population moyenne des prisons	55	Archipel polaire : Superf. 2 000 000, Popul. 2 600, Pop. kil. 0,001	3 234 (92)	
Clergé et ordres religieux	56		5 750	
Écoles primaires	57		15 793 }	553 } (90)
Nombre des élèves	58		997 500 } (91)	55 094 }
Lycées et collèges	59		1 011 }	
Nombre des élèves	60			
Universités et écoles supérieures	61			
Nombre des étudiants	62		7 000	
Moyenne générale des illettrés	63		22,8 % (91)	
Livres publiés	64			
Journaux	65		909	
Effectif de l'armée de terre active	66		35 960	
Flotte de guerre	67			
Personnel des équipages	68			
Nombre des fonctionnaires	69			
Dette publique	70		1 267 970 000 (92)	5 430 000 } (92)
Budget des recettes	71		188 975 000 (92)	9 460 000 }
Budget provincial	72		49 584 000 (92)	

AMÉRIQUE DU NORD. — I

Repère.	SAINT-PIERRE ET MIQUELON.	ÉTATS-UNIS ET ALASKA.	MEXIQUE.	GUATÉMALA.	SALVADOR.
1	235	9 212 300	1 946 292	125 100	21 070
2	6 250 (92)	67 000 000	11 920 000	1 550 000	806 000
3	26,6	7,3	6,1	12,1	38,3
4		Indiens 248 253 (90)	Blancs 19 %, Métis 43 %, Indiens 38 %	45 } (92)	Blancs 20 000
5		Chinois 107 475 (90)		17,9 }	
6					
7		467 794 (93-93)		8 584 (92)	
8		142 857 890 (92)	4 000 000 (moy.)	5 000 t. (92)	
9		9 048 750 (89)			
10		583 048 000	47 600 000 (moy.)	21 996 t. (92)	
11		311 861 000 (89)			
12		186 500 t. (92)	47 000 000 fr. (moy.)	9 199 t. (92)	
13		980 715 (89)			
14		Laine 131 260 t., Pétrole 4 813 000 t. (91)	60 750 000 fr. }	53 594 (92)	
15			20 000 t. } (moy.)	586 t. (92)	
16		218 000 (92)	13 000 000 fr. }	441 t. (92)	
17		1 488 000	45 000 t. }		Mines et carrières. 186
18		3 000 000 000 (90)	Forêts. 1 101 000 hect.	Forêts 446 000	
19		15 455 370	Product. de henequen : 56 870 t. (91)	155 400 }	
20		53 096 000		497 130 } (87)	
21		43 060 000	Valeur du bétail (89) : 400 000 000 fr.	490 800 }	
22		45 906 500		154 800 }	
23	11 084 500 (90)	258 586 000 (89)			
24		2 154 000 000 (90)	349 000 000 fr. (moy.)		
25		Terr. cult. 755 000 000 h.			
26		40 888 } (92)	10 000 000 fr. } (moy.)	180 000 fr. (moy.)	
27		1 805 971 }	190 000 000 fr. } (88-90)		
28		113 024 (92)	Prod. minière totale : 550 000 000 fr. (90)		Valeur d'exp. en fr. : Café 15 609 000 (92), Indigo 4 253 800 (92), Tabac 770 000 (91)
29		7 154 000 }			
30		160 088 300 } (92)			
31		1 437 560 }	11 800 (92)	Valeur d'export. (90) : Café 93 150 000 fr., Peaux 409 000 fr., Bananes 465 000 fr.	
32		5 300 000 000 } (90)	Cot. 36 000 000 fr. (89)		
33		5 900 000 000 }	Valeur d'export. (92) : Café 43 636 000 fr., Peaux 15 336 000 fr.		
34					
35		7 482 000 (90)			
36		45 000 000 000 (90)			
37		330 000 000 000	16 000 000 000		
38			200 000		
39		5 000 000 (90)			
40					
41	14 852 000 } (92)	4 528 608 000	256 000 000 (90)	30 580 000 } (92)	9 475 000 } (92)
42	17 130 000 }	4 188 184 000	437 545 000	37 606 000 }	25 580 000 }
43		43 360	16 700 } (91)	988 } (92)	1 956 (92)
44		30 342 350	5 638 000 }	1 099 000 }	
45		24 589 ; 4 765 000 t. (92)	Nav. 481 ; barques 847		Routes carross. : 3 400 kilom.
46					
47	Exportation (92) : Morue 29 586 t., Huile de foie de morue 406 t.	278 129 (92)	11 105	190	107
48		580 430 000 } (90)	21 700 000 } (92)		
49		712 590 000 }	3 100 000 }		
50		2 040 000 000	115 340 000 (91)	1 190 000 (91)	750 990 } (92)
51		6 750 000 000			989 608 }
52		337 800 } (92)	80 949	5 974 } (92)	Fils 3 898 } (92)
53		38 500 000 }		685 800 }	908 947 }
54		97 206 (90) (?)			
55		89 387 (90)		379 (92)	
56		77 250 (90)	Églises 10 112 (92)		
57		184 000 } (92)	10 726	1 289 }	856
58		14 584 000 }	544 000	65 335 } (94)	29 437
59		8 000		18 }	18
60		855 900 }	21 600	5 750 }	1 900
61		446 } (92)			1
62		158 700 }			150
63		13,4 %			
64					
65		19 575	256 (92)		113
66		27 189	30 000	5 700 (91)	4 000
67		87 ; canons 805	9 ; canons 90 (91)		1
68	Dépenses de la France : 389 600	10 400	600		
69		87 081			
70		2 546 400 000	695 000 000	69 417 000 (92)	87 000 000 (92)
71	389 846	2 079 000 000	264 550 000	25 584 000	27 561 000 (92)
72		3 199 000 000	42 500 000		

AMÉRIQUE DU NORD. — II

OBJET DE LA STATISTIQUE.	Repère.	HONDURAS.	NICARAGUA.	COSTA-RICA.
Superficie en kilomètres carrés	1	119 820	123 950	54 070
Population	2	431 917	305 000	236 000
Population kilométrique	3	3,6	3	4,4
Natalité sur 1 000 habitants	4			
Mortalité sur 1 000 habitants	5	Métis ... 385 000		Étrangers . 2 500 (92)
Population des campagnes	6	Indiens .. 50 000 (87)		
Immigration	7			6 330 (92)
Céréales : Froment	8			
Riz	9		Plantations de café :	
Maïs	10		20 780 hect. (92)	
Autres céréales	11			
Production : Sucre	12			
Vin	13			
Café	14		11 500 (91)	36 307 (91)
Cacao	15			
Tabac	16			
Coton	17			
Forêts	18			
Animaux domest. : Chevaux, mules, ânes	19			77 043
Bêtes à cornes	20		1 000 000 (90)	345 655 (91)
Moutons	21			9 768
Porcs	22	Valeur d'export. (92) :		
Pêche	23	Bétail ... 1 565 000 fr.		
Ensemble de la production agricole	24	Bananes ... 847 790		
Nombre des propriétaires	25	Noix de coco 357 940		
Production minière : Or	26	Tabac ... 197 900	Mines d'or et d'argent :	
Argent	27	Café ... 153 376	109 (91)	500 000 fr.
Cuivre	28	Argent ... 1 028 450		
Fer	29	Or ... 30 000 fr.		Valeur d'export. (92) :
Combustible minéral	30			Café ... 36 098 000 fr.
Sel	31			Bananes .. 5 829 000 fr.
Filatures	32		Valeur d'export. (90) :	Peaux ... 561 000 fr.
Métallurgie	33		Café ... 12 459 000 fr.	Bois ... 385 400 fr.
Bière et eau-de-vie	34		(5 986 t.)	
Puissance des machines à vapeur	35		Bananes .. 1 380 000 fr.	
Production industrielle totale	36			
Richesse totale	37			
Group. des ouvr. : Mineurs	38			
Grande industrie	39			
Petite industrie	40			
Commerce : Importation	41	5 090 000 (96)	15 898 000	29 256 000
Exportation	42	7 409 000	11 889 000 (91)	20 894 000 (92)
Mouvement des navires	43	1 888	884	795
Tonnage	44	524 600 (93)	349 290 (90)	392 486 (91)
Flotte commerciale	45			3 nav. ; 848 t.
Long. des canaux et des rivières navigables	46			
Chemins de fer	47	92	280	363
Nombre des voyageurs	48			
Tonnes transportées	49			
Statistique postale : Lettres	50			1 690 737 (92)
Journaux et imprimés	51		5 506 500 (88)	
Longueur des lignes télégr.	52	3 000	2 735	1 064
Télégrammes	53			222 650 (91)
Nombre des indigents secourus	54			
Population moyenne des prisons	55	300		
Clergé et ordres religieux	56			
Écoles primaires	57	600	287	307
Nombre des élèves	58	26 000	12 000 (92)	21 476 (92)
Lycées, collèges	59	6	3	5
Nombre des élèves	60			
Universités et écoles supérieures	61	1		
Nombre des étudiants	62			
Moyenne générale des illettrés	63	84 %		
Livres publiés	64			
Journaux	65	4 (87)		
Effectif de l'armée de terre active	66	500	3 500	600
Flotte de guerre	67			
Personnel des équipages	68			
Nombre des fonctionnaires	69			
Dette publique	70	217 000 000	30 000 000	105 279 000
Budget ordinaire	71	7 090 000 (92)	28 079 000 (92)	30 330 000 (92)
Budget provincial	72			

AMÉRIQUE DU NORD. — II

Repère.	HONDURAS BRITANNIQUE.	ANTILLES FRANÇAISES.	ANTILLES ESPAGNOLES. CUBA.	ANTILLES ESPAGNOLES. PUERTO-RICO et Îles Vierges.	JAMAÏQUE.
1	21 865	Archipel	118 833	9 680	10 859
2	31 471 (91)	de la Guadeloupe :	1 631 000 (90)	890 000 (90)	639 491 (91)
3	1,6	Superf. .. 1 870	13,7	93	58,8
4	44,6	Popul. .. 165 900 (93)			36,3
5	30,4	Pop. kil. .. 89	Population en 1877 :	Nègres 325 639	25 (91)
6	Terres cultivées :	Plantations de sucre :	Espagnols 977 992		Blancs 14 692 (91)
7	17 410 (87)	22 959 hect. (94)	Nègres 489 249		10 116 (91)
8			Chinois 43 811		Terres cultivées (91) :
9		Cultivateurs ... 40 677	Cigares export. :		Sucre ... 12 187 hect.
10		Prod. de sucre :	166 710 000 (75)		Café ... 9 103 hect.
11		48 007 t.			Cacao ... 806 hect.
12		Plantations de café :	232 098 (91)		Maïs ... 556 hect.
13		6 145 hect. (88)	Mélasse 105 000 t. (91)	61 087 (88)	
14					
15		Cultivateurs ... 6 530		25 396	
16		Prod. du café .. 879 t.	(12 000 (moy.))	1 519 (88)	
17		Chevaux .. 7 806			
18		Bovidés .. 19 578			
19		Moutons .. 9 819	584 725		
20	Export. (93) :	Porcs ... 12 585 (87)	2 485 766		
21	Acajou :	Imp. .. 24 785 000	78 483		
22	150 000 mètres cubes.	Exp. .. 25 960 000 (90)	570 194 (91)		
23		Navires entrés et sortis			
24		964 (88)			
25		Tonnage .. 436 891 (88)	9 966 (91)		
26					
27		Chemins de fer ... 26	Minerai de fer		
28		Écoles prim. ... 49	export. de Santiago :	Valeur d'export. (91) :	
29		Élèves ... 9 750	250 010 t. (88)	Café ... 95 477 000 fr.	
30			Commerce	Sucre ... 15 850 000 fr.	
31		Dette ... 1 000 000	avec l'Espagne (90) :	Tabac ... 3 909 000 fr.	
32		Revenu ... 5 929 000	Import. ... 111 880 000		
33		Dépenses de la France :	Export. ... 37 170 000		Valeur d'export. (93) :
34		1 611 097	Commerce		Sucre ... 6 042 000 fr.
35			avec les États-Unis (91) :		Rhum ... 4 205 000 fr.
36			Import. ... 58 000 000		Café ... 8 481 000 fr.
37		Martinique :	Export. ... 380 000 000		Fruits ... 6 560 000 fr.
38		Superf. .. 988			
39		Popul. .. 175 591 (88)			
40		Pop. kil. .. 178			
41	2 361 000	Hommes .. 84 136	448 202 580	84 590 000	48 527 000
42	2 708 000 (92)	Femmes .. 91 795	291 355 000 (92)	97 430 000 (91)	45 996 000 (93)
43		Natalité .. 34	2 112 à la Havane	2 598	
44	250 391 (92)	Mortalité .. 29	3 368 000 (91)	3 571 677 (91)	1 946 405 (93)
45		Terres cultivées pour	7 250 ; 109 306 t. (88)	1 786 ; 11 809 t. (88)	948 ; 590 107 t.
46		les prod. alimentaires :			
47		75 463 hect. (89)	1 800	85 (90)	145
48					315 045 (93)
49		Plantations de sucre :			
50	520 300 (91)	40 548 hect. (89)			3 780 000 (93)
51		Imp. .. 22 997 000			
52		Exp. .. 25 495 000 (90)	4 591	843 (90)	1 118
53					109 965 (93)
54		Routes ferrées ... 987			
55		Chem. de fer .. 19 (89)			940 (93)
56		Élèves de l'in. écoles :			
57	40	8 880			877
58	5 000 (93)	Dette ... 455 000			48 987 (93)
59		Revenu ... 4 049 000			
60		Dépenses de la France :			
61		2 375 940			
62					
63					
64					
65					
66			20 414	3 000	2 100 (91)
67					
68					
69					
70	490 000		920 000 000		38 000 000
71	1 619 000 (92)		179 304 000	19 956 500	13 488 000 (93)
72					

AMÉRIQUE DU NORD. — III

OBJET DE LA STATISTIQUE.	Numéros.	ANTILLES ANGLAISES. TRINIDAD.	ANTILLES ANGLAISES. LUCAYES.	ILES TURQUES ET CAÏCOS.
Superficie en kilomètres carrés	1	4 843	Superf. 14 116	Superf. 575
Population	2	214 800 (98)	Popul. 48 000	Popul. 4 745 (91)
Population kilométrique	3	41	Pop. kil. ... 3,4	Pop. kil. ... 8
Natalité sur 1 000 habitants	4	31 } (98)	Blancs 11 000 (81)	
Mortalité sur 1 000 habitants	5	26 }	Natalité ... 39 } (98)	Hommes 2 211
Population des campagnes	6		Mortalité ... 25 }	Femmes 2 534
Immigration	7	4 991 (90)	Plantations d'export :	Sel. 720 000 hect. (moy.)
Céréales... Froment	8		5 250 hect. (98)	Import. .. 579 500 } (91)
Riz	9	Terres cultivées :	Récolte d'oranges :	Export. .. 664 000 }
Maïs	10	Sucre .. 21 124 hect.	57 000 fr. (91)	
Autres céréales	11	Café.. } 17 580 hect.	Pêche d'éponges :	Tonnage .. 203 400 (91)
Production. Cacao	12	Cacao.. }	1 639 000 fr. (98)	Flotte commerc. :
Café	13	Coco ... 1 180 hect.	Prod. du sol :	48 ; 6 680 t.
Sucre	14		700 000 hect.	
Vin	15			Écoles .... 7 } (91)
Tabac	16		Imp. 4 974 000 fr. } (98)	Élèves .... 500 }
Coton	17	Tobago :	Exp. 5 008 800 fr. }	Revenu .. 184 000 (91)
Caoutchouc	18	Superf. 296		
Forêts	19	Popul. 18 400 (91)	Valeur d'export. :	
Animaux domest. Chevaux, mules, ânes	20	Pop. kil. ... 6	Ananas. 1 400 000 fr. (98)	
Bêtes à cornes	21	Import. .. 589 000 }	Coton.. 18 320 fr. (91)	
Moutons et chèvres	22	Export. .. 606 000 } (91)	Tonnage. 305 120 (98)	
Porcs	23	Tonnage. 64 530 }	Lettres .. 132 186 } (91)	
Pêche	24		Journaux 91 000 }	
Ensemble de la production agricole	25	Dettes 195 000 (98)	Écoles ... 109 } (98)	
Superficie cultivée	26	Revenu ... 218 120 (94)	Élèves .. 5 981 }	
Nombre des propriétaires	27			
Production minière. Or	28	Valeur d'export. (91) :	Dettes .. 2 745 000	
Argent	29	Sucre ... 10 570 000 fr.	Revenu. 1 681 400 (98)	
Cuivre	30	Cacao ... 12 737 000 fr.		
Fer	31	Mélasse . 1 237 000 fr.		
Combustible minéral	32	Asphalte 2 850 000 fr.		
Sel	33			
Puissance totale des machines à vapeur	34			
Filatures	35			
Production métallurgique	36			
Bière et eaux-de-vie	37			
Production industrielle totale	38			
Group. des ouvr. Mineurs	39			
Grande industrie	40			
Petite industrie	41			
Commerce. Importation	42	38 290 000		
Exportation	43	51 436 000		
Mouvement des navires	44			
Tonnage	45	1 201 791 (98)		
Flotte commerciale	46			
Ensemble des routes carrossables	47			
Chemins de fer	48	87		
Voyageurs	49			
Tonnes transportées	50			
Statistique postale. Lettres	51			
Journaux et imprimés	52			
Longueur des lignes télégr.	53	1 184		
Télégrammes	54			
Nombre des indigents secourus	55			
Population moyenne des prisons	56			
Clergé et ordres religieux	57			
Écoles primaires	58	205 } (98)		
Nombre des élèves	59	19 665 }		
Lycées et collèges	60			
Nombre des élèves	61			
Universités et écoles supérieures	62			
Nombre des étudiants	63			
Livres publiés	64			
Journaux	65			
Effectif de l'armée de terre	66	690		
Flotte de guerre	67			
Personnel des équipages	68			
Nombre des fonctionnaires	69			
Dette publique	70	16 820 000		
Budget des recettes	71	19 436 000 (98)		
Budget provincial et communal	72			

AMÉRIQUE DU NORD. — III

Numéros.	BERMUDES.	ANTILLES ANGLAISES DIVERSES.	ILE D'HAÏTI. HAÏTI.	ILE D'HAÏTI. SAINT-DOMINGUE.	AUTRES ANTILLES.
1	Superf. 51,5	Barbades :	28 676	48 577	Antilles danoises :
2	Popul. 15 890 (98)	Superf. ... 430	960 000	417 000	Superf. 360
3	Pop. kil. ... 30	Popul. ... 188 300 (91)	33	8,5	Popul. 33 770 (90)
4	Blancs 5 740	Pop. kil. ... 434			Pop. kil. .. 94
5	Natalité ... 40 } (98)	Natalité .. 46,8 } (91)			Export. moyenne :
6	Mortalité ... 20 }	Mortalité. 37 }			
7	Terres cultivées :	Terres cultivées :			Sucre .... 10 000 t.
8	1 620 hect.	36 800 hect.		Terres cultivées :	Rhum ... 50 000 hect.
9		Canne à sucre :		5 000 000 hect.	Imp. 3 065 675 fr. } (98)
10	Imp. 8 255 000 fr. } (98)	86 240 t. (98)			Exp. 4 275 625 fr. }
11	Exp. 3 620 000 fr. }	Pêche. 425 000 f. (moy.)			
12	Valeur d'export. (98) :	Sucreries 466			
13	Oignons.. 1 147 800 fr.	Rhum, distilleries. 25	36 000 (88)		Curaçao et autres îles
14	Bulbes de	Imp. 27 040 000 f. } (98)			hollandaises :
15	lis ..... 388 000 fr.	Exp. 23 164 000 f. }			Superf. 1 130
16	Pommes de	Valeur d'export. (98) :		Export. (98) :	Popul. 45 200
17	terre .... 408 000 fr.	Sucre 15 141 800		Café ..... 133,4 t.	Pop. kil. 40
18	Tonnage. 542 576 (98)	Mélasse 5 387 000		Cacao .... 61 t.	
19		Farine 705 150		Sucre .... 39 385 t.	Imp. .. 8 821 750 } (98)
20	Fils télégr. 76 } (98)	Poisson salé 700 000		Miel ..... 83 140 hect.	Exp. .. 958 000 }
21	Télégram. 17 480 }	Tonnage. 1 246 250 (98)		Tabac .... 2 104,7 t.	Nav. entr. 2 810 (90)
22	Écoles .... 47 } (91)	Flott. comm. 30 ; 7 058 t.		Acajou ... 6 280 m. c.	Lettres .. 218 660 } (91)
23	Élèves .... 1 400 }	Routes carross. ... 770		Campêche. 718 t.	Journaux 754 900 }
24	Effect. de l'armée :	Chemins de fer ... 56		Bois de lance 312 000 t.	Prisonniers. 45 (91)
25	3 000	Écoles prim. 212 } (98)			Écoles .... 59 } (91)
26		Élèves .... 11 765 }	Export. (98) :		Élèves .... 4 638 }
27	Dettes ... 292 080 } (98)	Écoles sec. 7 } (98)	Café .... 34 980 t.		Eff. de l'armée 580 (90)
28	Revenu.. 858 000 }	Élèves .... 547 }	Cacao ..... 1 830,3 t.		Revenu. 1 594 000 (98)
29		École supér. 1 } (98)	Bois de cam-		
30		Étudiants ... 21 }	pêche .... 81 440 t.		
31		Journaux 10	Coton ..... 426 t.		
32		Effectif de l'armée. 900	Acajou .... 728 m. c.		
33		Dettes. 758 500 (98)			
34		Revenu. 4 878 000 (98)			
35		Leeward Islands :			
36		Superf. ... 1 857			
37		Popul. ... 127 720 (91)			
38		Pop. kil. 70			
39		Blancs ... 5 070			
40		Couleur.. 23 380			
41		Nègres ... 99 550			
42		Imp. 11 585 000 f. } (98)	22 230 000 } (98)	10 058 000 } (98)	
43		Exp. 13 875 000 f. }	35 280 000 }	16 178 000 }	
44		Valeur d'export. (91) :	1 380 } (98)	790 } (98)	
45		Sucre 7 450 000	1 390 500 }	650 000 }	
46		Rhum 1 579 000			
47		Mélasse 288 000			
48		Café 545 000		116	
49		Tonnage. 1 067 000 (91)			
50		Écoles ... 131 } (98)			
51		Élèves ... 21 500 }	796 000 (87)	386 850 (89)	
52		Dettes. 6 394 000 } (98)			
53		Revenu. 2 760 000 }		558	
54					
55		Windward Islands :			
56		Superf. ... 1 426			
57		Popul. ... 144 600 (91)			
58		Pop. kil. ... 100	400	300	
59		Imp. 10 807 000 f. } (98)	24 000 (84)	10 000	
60		Exp. 11 082 000 f. }	5		
61		Valeur d'export. (91) :			
62		Cacao 5 755 000			
63		Sucre 3 085 000			
64		Arrow-root .. 777 000			
65		Spices 615 000		40	
66		Bois de cam-	6 800		
67		pêche 190 000	9 petits navires		
68		Tonnage. 1 641 500 (91)			
69		École prim. 108 } (91)			
70		École second. 1 }	95 080 000	37 587 000 (98)	
71		Dettes. 4 490 000 (91)	40 680 000	19 148 500 (98)	
72		Revenu. 3 275 000 (91)			

AMÉRIQUE-MÉRIDIONALE. — I

OBJET DE LA STATISTIQUE.	Numéros.	VENEZUELA.	COLOMBIE.	ÉQUATEUR.
Superficie en kilomètres carrés	1	976 000	1 255 645	400 000
Population	2	2 323 000 (92)	4 200 000	1 280 000
Population kilométrique	3	2,5	3,3	3,2
Natalité sur 1 000 habitants	4	35,7 } (87)		
Mortalité sur 1 000 habitants	5	24,4 }		Blancs 100 000
Population des campagnes	6		1 845 000	Métis 300 000
Immigration	7	1 565 (89)		Indiens 870 000
Emigration	8			
Céréales — Froment	9	Terres cultivées :	15 000 t.	
Céréales — Riz	10	24 520 000 hect.	50 000 t.	
Céréales — Maïs	11	Pâturages :	120 000 t.	
Céréales — Autres céréales	12	40 489 420 hect.	26 000 t.	
Production — Cacao	13			25 000 t.
Production — Café	14	6 250	23 000 t.	
Production — Sucre	15			
Production — Vin	16			
Production — Tabac	17		20 000 t.	
Production — Coton	18			
Production — Caoutchouc	19			
Étendue des forêts	20	78 470 000		
Animaux domest. — Chevaux, mules, ânes	21	1 697 184 } (88)	896 000	
Animaux domest. — Bêtes à cornes	22	8 476 291	1 800 000	
Animaux domest. — Moutons et chèvres	23	3 787 817	745 000	
Animaux domest. — Porcs	24	1 929 695	2 500 000	
Pêche	25	7 000 000 (moy.)		
Superficie cultivée	26		160 000	
Nombre des propriétaires	27		140 000	
Production minière — Or	28	1 895,6 (91)	12 550 000 fr.	500 000 fr.
Production minière — Argent	29		3 750 000 fr.	
Production minière — Cuivre	30	4 724 914 fr. (88)	4 000	Valeur d'export. (96) :
Production minière — Fer	31			Cacao 21 685 000
Combustible minéral	32			Café 2 026 000
Sel	33	1 478 980 fr. (90)	35 000 t.	Or et arg. 1 150 000
Filatures	34			Caoutchouc 1 605 000
Métallurgie	35	Valeur d'export. (96) :	Valeur d'export. (91) :	Panamas 1 305 000
Bière et eaux-de-vie	36	Café 71 167 830 f.	Café 27 155 500 f.	Peaux 199 900
Richesse totale	37	Cacao 9 329 400 f.	Or et arg. 21 915 000 f.	Sucre 618 000
Group. des ouvr. — Mineurs	38	Peaux, cuirs 4 728 000 f.	Tabac 5 967 700 f.	
Group. des ouvr. — Grande industrie	39	Bêtes à corn. 1 176 000 f.	Peaux 3 494 000 f.	
Group. des ouvr. — Petite industrie	40			
Commerce — Importation	41	100 917 836 } (94)	96 318 740 } (91)	29 864 000 (91)
Commerce — Exportation	42	74 978 180 }	123 440 190 }	41 500 000 (93)
Mouvement des navires	43	12 770 } (88)	Navires 10 813 } (96)	1 220 } (94)
Tonnage	44	6 000 000 }	769 800 }	760 831 }
Flotte commerciale	45	8 683; 25 517 t. (87)	8; 9 922 t.	
Routes carrossables	46			185
Chemins de fer	47	454 (93)	400	102
Nombre des voyageurs	48	412 350 } (89)		
Tonnes transportées	49	106 179 }		
Statistique postale — Lettres	50	1 422 916 (89)	6 000 000	
Statistique postale — Journaux et imprimés	51		78 500	
Statistique postale — Longueur des lignes télégr.	52	5 000 } (90)	10 000	1 770
Statistique postale — Télégrammes	53	407 784 }	502 790 (89)	
Nombre des indigents secourus	54			
Population moyenne des prisons	55	4 007 (86)		139
Clergé et ordres religieux	56			
Écoles primaires	57	1 690 (91)	1 889	1 088
Nombre des élèves	58	100 026 (92)	114 330	70 000
Lycées et collèges	59	64 } (89)	12 } (91)	44
Nombre des élèves	60	1 009 }	1 508 }	
Universités et écoles supérieures	61		5	3
Nombre des étudiants	62		2 680	215 (Quito)
Moyenne générale de illettrés	63		90 %	
Livres publiés	64			
Journaux	65			
Effectif de l'armée de terre active	66	3 760 (91)	5 500	3 840
Flotte de guerre	67	1		3
Personnel des équipages	68			196
Nombre des fonctionnaires	69			
Dette publique	70	115 360 000 } (96)	160 000 000	58 750 000
Budget des recettes	71	45 021 300 }	35 000 000	14 509 000 (96)
Budget provincial	72	9 014 400 (88)		628 500 (91)

AMÉRIQUE MÉRIDIONALE. — I

Numéros.	PÉROU.	BOLIVIE.	CHILI.	GUYANES ANGLAISE.	GUYANES HOLLANDAISE.
1	1 320 000	1 334 200	736 000	[illegible]	130 000
2	5 000 000	1 450 000	3 348 000	290 000	80 000
3	3,8	1	4,5	1	0,66
4			35 } (93)	28,5 } (95)	
5	Européens 18 000	Indiens 1 000 000	34 }	22,1 }	
6	Chinois 50 000	Métis 500 000	1 464 800 (85)	216 945	
7		Blancs 500 000	9 250 (90)	5 941 (95)	148
8	Production moyenne :			2 014 (95)	18
9	Coca 6 000 t.		9 720 000 (moy.)		
10	Vin 10 000 hect.			Africains 150 000	
11				Hindous, Chin. 150 000	
12			2 880 000 (moy.)	Europ. et Brésil. 20 000	
13	Exp. en Anglet. (98) :			Indiens 8 000	2 247
14	Guano 15 767 t.				3
15	Salpêtre 14 236 t.			Sucreries 95 (96)	7 287 t.
16	Sucre 15 104 000 f.	Production (88) :	Export. 3 000 (88)	Sucre 105 480 t.	
17	Laine 4 495 000 f.	Coca 8 898 000 fr.			
18	Coton 7 257 000 f.	Caoutchouc 39,5			Rhum 4 744 hect.
19					Bananes 401 133 rég.
20					Mélasse 13 928 hect.
21					
22			800 000 } (moy.)		
23			2 600 000 }		
24					
25	Nombre des mines :				
26	4 127 (91)				
27					
28			2 434 } (88)	13 365 000 fr.	2 240 408 fr.
29	120 000 (88)	37 454 000 fr. (90)	497 431 }		
30			19 375 (87)		
31					
32	Valeur d'export. (91) :		860 000 (90)	Import. vivres :	
33	Argent 5 855 000			15 548 000	
34	Cuivre 597 000		Prod. de nitrate :	Export. sucre :	
35	Pétrole 890 000 hect.		877 000 t. (91)	30 220 000	
36					
37				Or 10 000 mineurs	
38			15 107 (90)	Sucre 126 727 ouvriers	
39					
40					
41	56 195 000 } (91)	50 000 000 } (moy.)	319 019 000 } (98)	40 830 500	12 000 000
42	50 794 000 }	45 000 000 }	250 280 000 }	44 807 375	9 000 000
43	1 008 } (96)				464 } (95)
44	800 100 }		4 885 000 (91)	693 534	186 006 }
45	40; 18 407 t.		212; 114 138 t.	121; 5 085 t. (87)	414
46					
47	1 580 (96)	904	2 929 (93)	37	
48			5 398 000 } (98)		
49			1 857 000 }		
50		996 950 (91)	18 997 000 } (91)		149 885 } (91)
51			18 921 000 }		974 115 }
52	4 480 (97)		22 098 (93)	575	
53			680 000 (90)		
54				2 625 (96)	
55			514	Condamnations 12 796	101
56					
57		495 } (90)	1 395 } (93)	187 } (98)	45
58		24 244 }	89 084 }	26 754 }	6 002
59		15 }			
60		2 190 }	4 426 } (90)		
61	3	3	1 }		
62		1 384 (90)	2 246 }		
63			70 % (87)		
64					
65			300 (90)		
66	3 900	2 000	6 000 (96)		2 285
67	5; 3 026 t.		27		
68			1 300		
69					
70	310 347 000	65 300 000	346 386 000 } (98)	10 525 275	
71	36 581 000	14 542 000	108 086 000 }	14 336 875	2 984 000 (98)
72					

b.

AMÉRIQUE MÉRIDIONALE. — II

OBJET DE LA STATISTIQUE.	Repère.	GUYANE FRANÇAISE.	TERRITOIRE CONTESTÉ DU LITTORAL.	BRÉSIL.
Superficie en kilomètres carrés	1	91 000	60 000	8 075 000
Population	2	34 800	5 100	16 000 000
Population kilométrique	3	0,4	0,08	2
Natalité sur 1000 habitants	4			
Mortalité sur 1000 habitants	5	Europ. libres... 700	Indiens ... 2 500	
Population des campagnes	6	Noirs... 24 700	Noirs... 800	
Immigration	7	Hindous et Chin. 4 000	Européens... 200	76 775 (92)
Émigration	8	Indiens... 1 400		68 575
Céréales... Froment	9	Terrains en culture : 3 254 hect. (90)		
Riz	10			
Maïs	11			
Autres céréales	12			
Production. Cacao	13			4 000 (91)
Café	14			444 000 (98)
Sucre	15			200 000 (moy.)
Vin	16			
Tabac	17			25 000 t.
Coton	18			
Caoutchouc	19			
Étendue des forêts	20			
Animaux domest. Chevaux, mulets, ânes	21			
Bêtes à cornes	22			18 000 000
Moutons et chèvres	23			
Porcs	24			
Pêche	25			
Superficie cultivée	26			
Nombre des propriétaires	27			
Production minière. Or	28	1 307 (89)		1 848 000 fr. (91)
Argent	29			
Cuivre	30			
Fer	31			Export. de Pará (91) : Cacao.. 9 473 000 fr. Caoutchouc.. 19 144 t.
Combustible minéral	32			
Sel	33			
Filatures	34			Exp. de Pernambuco : Sucre. 24 265 t. (93)
Métallurgie	35			
Bière et eaux-de-vie	36			
Richesse totale	37			
Group. des ouvr. Mineurs	38			
Grande industrie	39			
Petite industrie	40			
Commerce. Importation	41	8 980 450 (98)		572 290 000 (90)
Exportation	42	4 975 000		690 208 000
Mouvement des navires	43			4 086 (92)
Tonnage	44			5 608 300
Flotte commerciale	45			553; 196 961 t.
Routes carrossables	46			
Chemins de fer	47			11 000
Nombre des voyageurs	48			
Tonnes transportées	49			
Statistique postale. Lettres	50			58 594 000 (92)
Journaux et imprimés	51			79 050 355 (92)
Longueur des lignes télégr.	52			14 760
Télégrammes	53			1 581 700 (92)
Nombre des indigents secourus	54			
Population moyenne des prisons	55	3 067 (92)		
Clergé et ordres religieux	56			Clergé.. 2 000
Écoles primaires	57			7 500 (89)
Nombre des élèves	58			300 000
Lycées, collèges, écoles secondaires	59			85 (90)
Nombre des élèves	60			3 468
Universités et écoles supérieures	61			
Nombre des étudiants	62			2 900 (90)
Moyenne générale des illettrés	63			84 %
Livres publiés	64			
Journaux	65			
Effectif de l'armée de terre	66			20 500 (91)
Flotte de guerre	67			65 ; canons 350
Personnel des équipages	68			4 700
Nombre des fonctionnaires	69			
Dette publique	70			1 440 000 000
Budget des recettes	71	2 027 868		325 665 000
Budget provincial et communal	72			97 918 000 (88)

AMÉRIQUE MÉRIDIONALE. — II

Repère.	PARAGUAY.	URUGUAY.	ARGENTINE.	ILES FALKLAND.	NOUVELLE GÉORGIE. ?
1	330 000	178 700	2 894 000	12 532	3 230
2	530 000	778 185	4 581 000 (93)	1 790 (91)	Inhabitée.
3	2,5	4	1,5	0,1	
4	26,4 (87)	37 (92)	Nombre des étrangers : 900 000 (87)		
5	14	17		Hommes... 1 081	
6				Femmes... 703	
7	839	11 871 (92)	110 244	Étrangers... 161	
8		5 827	35 392 (93)		
9		149 000 t.	1 600 000 t.		
10	Terres cultivées (98) : Maïs... 3 855 000 hect.		Terres cultivées (93) :		
11	Manioc. 2 341 426 hect.		Froment... 820 000		
12	Fèves.. 1 048 850 hect.		Maïs... 278 000		
13	Tabac . 804 180 hect.		38 000		
14	» . 10 467 t. (95)		60 000		
15	Canne à	Laine exportée (91) : 25 440 t.			
16	sucre. 380 480 hect.				
17	Riz.... 180 380 hect.				
18	Coton.. 51 150 hect.				
19	Café... 26 380 hect.				
20					
21	104 514 (91)	386 000 (90)	5 200 000	3 894	
22	861 964	5 290 000	22 000 000	5 281	
23	77 600	13 760 000	80 000 000	687 344	
24	10 760			54	
25	Export. des oranges : 50 000 000		Valeur d'export. (93) : Produits anim. : 411 750 000 fr. Produits agricoles : 144 600 000 fr.		
26		168 528			
27		47 800			
28	Valeur d'export. (91) : Yerba maté : 5 097 000 fr. Tabac... 2 840 000 fr. Peaux et cuirs : 1 439 000 fr. Bois.... 1 018 000 fr.	Valeur d'export. (93) : Produits anim. 98 957 000 fr. Prod. agric. 818 000 fr.			
29					
30				Valeur d'export. (93) : Laine.... 2 920 000 f. Viande... 385 450 f. Peaux, cuirs. 190 400 f.	
31					
32					
33					
34					
35					
36			583 710 (93)		
37		3 787 000 000	15 000 000 000		
38					
39			41 200 (B.-Aires)		
40					
41	8 983 000 (92)	108 080 000 (93)	603 970 000	1 783 440 (93)	
42	54 843 000	145 980 000	467 597 000	3 487 800	
43	2 890 (93)	25 449	19 139 (93)	Bateaux... 90 (93)	
44	275 948	3 884 856	11 638 820	46 127	
45		28; 14 125 t.	175; 96 850 t.		
46					
47	250	1 612 (91)	13 451		
48	404 780 (89)	650 000 (94)	11 700 000 (92)		
49		310 000	4 810 000 (91)		
50	1 183 000 (91)	5 257 000 (92)	71 085 000 (90)	32 000 (moy.)	
51			84 871 000		
52	290 (92)	5 282 (92)	38 748 (92)		
53	31 800 (91)	284 907	2 540 000		
54					
55			900 (moy.)		
56					
57	398 (91)	504 (92)	2 731 (93)	4 (93)	
58	25 000	57 000	238 430	217	
59			15		
60			3 169		
61		1 (92)	2 (94)		
62	150	380	900		
63	75 % (87)				
64					
65		97			
66	880	3 650	8 000		
67	5	5 canonnières	31; canons 150		
68		150	1 800		
69					
70	105 180 000	555 875 900	2 154 650 000		
71	10 290 000 (93)	74 808 600 (93)	176 880 000 (93)	237 185 (93)	
72			48 875 000		

STATISTIQUE GÉNÉRALE

Superficie	135 000 000	kil. car.
Population	1 544 000 000	
Populatio kilométrique	12,4	
Production des céréales	3 000 000 000	hectol.
— du sucre	5 300 000	tonnes.
— du vin	150 000 000	hectol.
— du café	1 200 000	tonnes.
— du cacao	90 000	—
— du tabac	550 000	—
— du coton	2 650 000	—
— de l'or	215 000	kilogr.
— de l'argent	3 975 000	—
— du cuivre	223 000	tonnes.
— du fer	25 500 000	—
Combustible minéral	535 000 000	tonnes.
Bière	175 000 000	hectol.
Commerce total	95 000 000 000	fr.
Mouvement des navires	1 387 000	nav.
Tonnage	700 000 000	tonnes.
Flotte commerciale. 184 000 nav.;	26 000 000	—
Chemins de fer	647 700	kilom.
Lettres / Journaux et imprimés	22 500 000 000	
Longueur des lignes télégr.	1 660 000	kilom.
Journaux	58 000	
Effectif de l'armée de terre act.	4 695 000	
Dette publique	150 965 000 000	fr.
Budget des recettes	24 556 000 000	fr.

PAYS PAR ORDRE D'IMPORTANCE STATISTIQUE

1. Superficie respective :

1. Iles Britanniques, colonies et possessions	29 360 000	kil. carrés.
2. Russie	21 830 000	— —
3. États-Unis et Alaska	9 912 600	— —
4. Chine	9 204 000	— —
5. Brésil	8 075 000	— —
6. Canada	7 990 000	— —
7. Turquie	2 980 000	— —

2. Population :

1. Chine	400 000 000
2. Inde anglaise	290 000 000
3. Russie	123 000 000
4. États-Unis	67 000 000
5. Allemagne	51 000 000
6. Autriche-Hongrie	44 000 000
7. Japon	41 000 000

3. Population kilométrique

1. Inde française	553
2. Barbades	424
3. Belgique	212
4. Maurice	194
5. Néerlande	144
6. Iles Britanniques	123
7. Japon	107
8. Italie	106,5

4. Production du froment :

1. États-Unis	142 607 000	hectol.
2. Russie	127 402 000	—
3. France	103 000 000	—
4. Inde	95 040 000	—
5. Autriche-Hongrie	65 000 000	—
6. Italie	42 721 000	—
7. Allemagne	32 280 000	—

5. Production du sucre :

1. Allemagne	1 175 000	tonnes.
2. Cuba	823 000	—
3. France	620 000	—
4. Russie	423 000	—
5. Java	421 000	—
6. Philippines	203 000	—
7. Brésil	200 000	—
8. États-Unis	186 000	—

6. Production du vin :

1. France	50 100 000	hectol
2. Italie	32 420 000	—
3. Espagne	24 000 000	—
4. Autriche-Hongrie	7 924 000	—
5. Portugal	4 500 000	—
6. Turquie	3 870 000	—
7. Grèce	2 800 000	—
8. Russie	2 480 000	—

7. Production du café :

1. Brésil	489 000	tonnes.
2. Inde et Ceylan	88 000	—
3. Venezuela	62 000	—
4. Java	52 000	—
5. Costa-Rica	36 000	—
6. Haïti	35 000	—
7. Guatemala	33 600	—
8. Colombie	23 000	—

8. Production du cacao :

1. Ecuador	25 000	tonnes.
2. Puerto-Rico	23 000	—
3. Mexique	20 000	—
4. Brésil	8 000	—
5. Guyane hollandaise	2 250	—

9. Production du tabac :

1. États-Unis	109 000	tonnes.
2. Russie	65 000	—
3. Allemagne	34 000	—
4. Turquie	32 000	—
5. Insulinde néerlandaise	28 690	—
6. Brésil	25 000	—
7. France	23 000	—
8. Cuba	12 250	—

10. Production du coton :

1. États-Unis	1 420 000	tonnes
2. Inde	890 000	—
3. Égypte	224 000	—
4. Mexique	45 000	—

11. Production de l'or :

1. États-Unis	49 680	kilogr.
2. Australie	47 500	—
3. Russie	43 000	—
4. République Sud-Africaine	41 200	—
5. Nouvelle-Zélande	7 404	—
6. Colombie	6 488	—

12. Production de l'argent :

1. États-Unis	1 800 000	kilogr.
2. Allemagne	487 000	—
3. Australie	418 000	—
4. Bolivie	241 000	—
5. Pérou	120 000	—
6. Chili	106 000	—

13. Production de la fonte :

1. États-Unis	7 125 000	tonnes.
2. Iles Britanniques	8 700 000	—
3. Allemagne	4 950 000	—
4. France	2 032 000	—
5. Russie	1 660 000	—
6. Autriche-Hongrie	1 450 000	—

14. Production du combustible minéral :

1. Iles Britanniques	182 000 000	tonnes.
2. États-Unis	160 000 000	—
3. Allemagne	92 000 000	—
4. Autriche-Hongrie	30 000 000	—
5. France	28 000 000	—
6. Belgique	20 000 000	—

15. Commerce extérieur :

1. Iles Britanniques	17 050 000 000
2. Allemagne	10 600 000 000
3. États-Unis	8 500 000 000
4. France	7 150 000 000
5. Belgique	5 450 000 000
6. Inde anglaise	5 440 000 000

16. Mouvement des navires. — Tonnage :

1. Iles Britanniques	169 000 000
2. Italie	46 000 000
3. France	41 000 000
4. États-Unis	39 000 000
5. Chine	29 000 000
6. Allemagne	25 000 000

17. Flotte commerciale :

1. Iles Britanniques	21 500 nav.	8 645 000	tonnes.
2. États-Unis	24 500 —	4 765 000	—
3. Norvège	7 430 —	1 706 000	—
4. Allemagne	3 750 —	1 512 000	—
5. Canada	6 880 —	957 000	—
6. France	15 280 —	906 000	—
7. Italie	6 620 —	811 000	—

18. Chemins de fer :

1. États-Unis	278 159	kilom.
2. Allemagne	44 280	—
3. France	38 072	—
4. Russie	35 038	—
5. Iles Britanniques	32 799	—
6. Inde anglaise	29 400	—
7. Autriche-Hongrie	28 600	—

19. Envois postaux (lettres et imprimés) :

1. États-Unis	9 790 000 000
2. Allemagne	2 934 000 000
3. Iles Britanniques	2 784 000 000
4. France	1 802 000 000
5. Autriche-Hongrie	909 000 000
6. Russie	384 000 000
7. Italie	381 000 000
8. Belgique	345 000 000
9. Australie	281 000 000
10. Japon	238 000 000

20. Envois postaux par habitant :

1. États-Unis	146
2. Nouvelle-Zélande	122
3. Australie	84
4. Iles Britanniques	72
5. Suisse	71
6. Allemagne	57
7. Belgique	53
8. France	47
9. Danemark	46
10. Néerlande	44
10. Canada	44

21. Longueur des lignes télégraphiques :

1. États-Unis	337 890
2. Russie	142 000
3. Allemagne	117 850
4. France	96 125
5. Inde anglaise	65 032
6. Iles Britanniques	54 850

22. Effectif de l'armée de terre active :

1. Russie	850 000
2. Allemagne	850 000
3. France	559 000
4. Autriche-Hongrie	347 000
5. Chine	323 000
6. Italie	276 000
7. Inde	221 000

23. Dette publique :

1. France	35 421 000 000
2. Iles Britanniques	16 776 000 000
3. Russie	14 778 000 000
4. Autriche-Hongrie	14 345 000 000
5. Italie	12 910 000 000
6. États-Unis	8 348 000 000
7. Espagne	6 298 000 000
8. Turquie	4 422 000 000

24. Budget des recettes :

1. France	3 357 000 000
2. Russie	2 601 000 000
3. Iles Britanniques	2 234 000 000
4. États-Unis	2 070 000 000
5. Autriche-Hongrie	1 867 000 000
6. Italie	1 666 000 000
7. Allemagne	1 527 000 000
8. Inde anglaise	1 516 000 000
9. Espagne	748 000 000
10. Australie	644 000 000
11. Chine	460 000 000 (?)
12. Turquie	416 000 000
13. Japon	363 000 000
14. Belgique	345 000 000
15. Insulinde néerlandaise	271 000 000
16. Néerlande	269 000 000
17. Portugal	265 000 000
18. Brésil	263 000 000

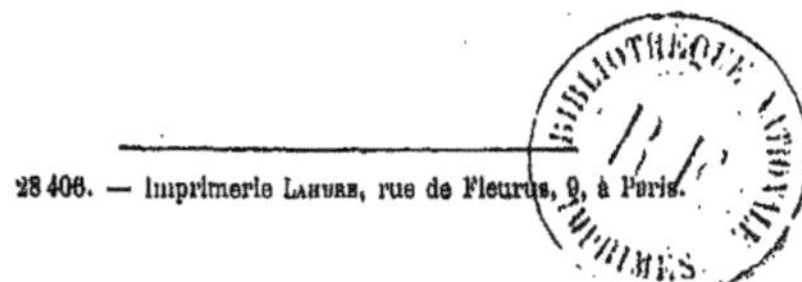

28 406. — Imprimerie Lahure, rue de Fleurus, 9, à Paris.

www.ingramcontent.com/pod-product-compliance
Lightning Source LLC
Chambersburg PA
CBHW060634050426
42451CB00012B/2583

9782012183445